大是文化

說真話，不得罪人的方法

日本吉本綜合藝能學院講師、日本綜藝節目編劇
野野村友紀子——著
林佑純——譯

拜託他人、要求、勸導、拒絕、反對……
日本藝能講師教你如何正確回話，
不惹人厭，還讓對方心甘情願。

ハッキリものを言って嫌われる人、好かれる人の伝え方

Contents

第2章

正確的發脾氣，不得罪人也不為難自己 047

Contents

第3章

讓對方願意聽的勸導方式 093

第4章

提升好感度的拒絕高招 141

Contents

推薦序一

帶著真心說好話，好事會回到自己身上

和泰移動服務協理／陳茹芬（娜娜）

從事業務工作超過二十年，許多人因為賣出超過八千八百輛車這個數字而記得我，我最自豪的卻是數字背後「從來沒有敵人」的隱形成績單。處處與人為善，讓客戶、朋友都說我有股正能量，更樂於幫我傳口碑，所以我常說「做業務，就是在做人」。

看到這本《說真話不得罪人的方法》，覺得作者用生活情境帶出說話技巧的安排很厲害，讓人邊看邊點頭，有「對對對，就是這樣」的共鳴感。其中有幾個地方我特別有感，也和大家分享。

首先，不要壓抑自己，該生氣的時候要讓情緒有出口，但不用破口大罵。比如遇到頻率對不上的人，送客時我一樣會客氣的說：「小心開車喔。」心裡卻想著他的手最好被車門夾到。用想像的幽默解掉心中的不愉快，情緒很快回穩。

其次，「三明治生氣法」和我的「心電圖效應」（讓對方的情緒隨著你講話高低起伏，而不是像木頭人呆呆的聽）像雙胞胎。例如客人嫌保險貴，來回溝通無效後，我會說「不要保最便宜」，趁對方還沒反應過來是怎麼一回事之際，立刻補上「碰一聲也才七十萬而已」，製造對方心情起伏，再把球丟回去，讓他自己感受、自己做決定，比講千百句有效。

壓軸的一招是「站在對對方有好處的點」講話。這件事一點都不簡單，要常練習。舉例來說，月底是結算業績的衝刺期，對客人講「我要結業績」和「月底大家衝業績，現在下訂，優惠對你最好」，你覺得哪個有吸引力？

對工作夥伴也是，用罵的往往沒效，自己還氣得半死，不如提醒「我怕你被公司罰」來引導他怎麼做。用罵的，會造成我們兩邊對立；改用提醒的：「我怕你被公司罰。」我們就站在同一邊了。你認為哪個接受度高？

另外，我常主動幫陌生人化解尷尬。好比有次在咖啡店談完事情出來，要去旁邊停車場開車，看到一位大哥開著車，好像找不到出口到底在左邊還是右邊，於是我走過去問他是不是要出去，他說對。

我比了左邊，然後說：「這裡動線很亂，我也常搞錯。」表明是場地的問題以及不只他一個人弄不清楚，順帶預先化解被我這個陌生人指導的尷尬，這樣說他就可以帶著沒有負擔的心情回家。這件事和做業績沒有關係，純粹是因為幫助人很開心。

再多心思、再多技巧，要記得回歸「真心」二字。當你真心為別人著想，會發現這個地球看起來很大，其實很小，好人好事繞了一圈又會回到自己身上。

推薦序二

能好好生氣，更能好好去愛！

聲音訓練、溝通教練／小虎老師（羅鈞鴻）

你在應該生氣的時候，會好好說出你的不滿嗎？當你表達你的不高興之後，你會因此而感到自責嗎？你想拒絕別人，但擔心影響關係，所以總是一味的答應嗎？

我剛出社會的時候，是個好好先生。而這樣的個性是在求學時期養成的，因為從小就被教導要溫良恭儉讓，所以只要別人開口請我幫忙，或是約我出去，我總是點頭答應，不知不覺，就變得不會拒絕別人了。

雖然當一個「Yes Man」可以為自己帶來很多不同的體驗，像是去平常不會去的地方、吃平常自己不會點的餐、學到一些沒想到可以為人生帶來幫助的技能等，但無法拒絕別人的個性，也為我的生活帶來了不少困擾。

有時候，明明工作一整週之後很累不想出門，週末只想在家陪家人，卻因為找不到合適的理由拒絕對方，寶貴的假日就被別人占據了。也有幾次，因為無法開口說出「不願意」三個字，讓自己跟朋友的權益受損，像是排隊時被人插隊、或是被有心人占便宜，導致自己或朋友感覺受傷，讓我時常討厭我自己。

因為不懂拒絕別人，也不會表達不滿，這樣的個性，無法守護自己真正應該重視的人或價值。直到有一天，當我發現身邊圍繞的幾乎都是點頭之交，而真正在乎自己的朋友卻逐漸疏遠時，我才發現，我被自己的這種濫好人個性害慘了。

原來，當一個人沒有做人的界線時，在他人心中就越沒分量。後來，我花了很多的時間練習拒絕，過程中，我漸漸懂得如何表達自己的不高興，也開始學會建立自己與他人的界線，有了做人的原則。

最不可思議的是，因為接受了自己「會生氣」這一點，讓我開始更喜歡我自己，也更懂得怎麼去愛人，人生的視野因此變得明亮而清晰。

後來我在教學當中，只要發現學員的自我價值低落，說話總是缺乏力量，我就會鼓勵他們練習拒絕他人，而學員的收穫也和我一樣，因為懂得拒絕之後，開始體驗到掌握自己人生的自由感，聲音就變得更有生命力了。

當我收到出版社的推薦序邀約，翻開這本書時，看見作者分享自己如何從不懂得表達生氣，到開始願意為自己的感受發聲，並且漸漸學會用更有技巧的方式來表達，最終變成一個有話直說、痛快表明想法，卻依然受到眾多觀眾喜愛的藝人，我第一個感想就是「相見恨晚」。

作者在書中提供的說話技巧，都沒有複雜的公式，卻有著放諸四海皆準的做人原則，我認為在人生不同階段看到，都會有不一樣的啟發。因此我在這裡真誠推薦給你，希望「說不」可以為你帶來幸福，也祝福即將閱讀這本書的你，不僅能把話說得好，更能把人生說了算。

推薦序三

說話態度不同，對方的感受就不同

空姐報報 Emily Post 版主／Emily

不知道大家身邊有沒有優越感很強的人，他們很喜歡指導身邊的朋友或同事。雖然他們認為在講真話、幫助對方，但其實他們更想要突顯自己比他人厲害。

真話，不見得一定傷人，講出來也不一定會讓人覺得討厭。關鍵在於怎麼講，只要態度和表達方式得體，反而更讓人印象深刻。

最近和前同事吃飯聊天，她告訴我：「我永遠都記得妳十年前怎麼給我建議。當時我還是社會新鮮人，什麼都不懂，涉世不深，英文又不好，班上的同學幾乎都是有經驗的空服員，或是從國外留學回來，受訓時我常常都覺得很吃力。

「很多人會一直對我說教，叫我改進，但妳不只說出我的優點，更願意教我，親切又有耐心的給我建議和信心，讓我印象深刻也默默感謝妳！」

每個人都討厭被別人直接否定，包括我們自己，就算對方說的是對的，我們也聽不進去，要給予對方建議或者意見，就要調整說話的語氣和方式。重點在於說話態度，態度不同，對方的感受就不同！

日常生活中，如何拜託別人幫忙，也是有技巧的。

舉例來說，在飛機上，空服員們忙得不可開交，面對客人的需求，我們有時分身乏術。但有一種客人讓我們都印象深刻，反而不會忘了他的需求，「如果你忙完有空的時候，能不能給我一件毯子，謝謝你喔！」、「我知道你現在很忙，你等一下經過的話，再麻煩給我一杯黑咖啡，謝謝你！」

客人表達的語氣非常有禮貌，我們如果聽到這種要求，反而會覺得備受尊重，接著衝回廚房很迅速的遞給他！

當我們有求於人的時候，如果能在言語中透露出同理和體貼，哪怕是稍微比較困難的要求，也有很大的機率能順利達到目的。

只要是人，都會需要溝通，當表達不順時，會阻礙關係的建立，有時候有些話想直接說出口，但又怕被別人討厭，只好吞回去，甚至在無意之間，還傷害到對方。

作者在本書裡，將人與人相處中，最難表達的幾種人際關係分成好幾個章節，像是如何正確發脾氣也不得罪人、提升好感度的拒絕高招等，運用簡單的潤飾與技巧，讓你把想要說的話，漂亮的說出口，又不會惹人嫌，甚至得罪對方。

如果你是不善於說話表達的人，或者苦惱常常會說錯話的人，推薦大家閱讀這本《說真話不得罪人的方法》，讓我們學會痛快的說真話，又能贏得好感度的技巧。

推薦序四

職場上也適用的萬用溝通技巧

連鎖文教事業共同創辦人、周博的創業×行銷筆記粉專版主、臺南市政府顧問／周博

收到作者的新書《說真話不得罪人的方法》書稿後，才翻閱其中幾頁，立即讓人愛不釋手，我也盡速利用創業工作與眾多行程的空檔，把這本大作迅速拜讀完畢。

我在二〇一三年創立第一個事業是補習教育，產品線從幼兒園到高中，橫跨十五年，目前有七家直營店、三十幾位同事。除了教育事業以外，我也同時擔任臺南市政府顧問，跨足其他領域耕耘。

在創業的過程中，我發現無論是事前與夥伴討論商業策略，或是過程和

同事們協調工作準則，都圍繞著「溝通」這樣的主題。因此，作者在《說真話不得罪人的方法》一書中提及的許多觀點、分享的故事，都讓我深有同感，也曾應用在生活中。

其中，我對書中三個部分特別印象深刻，包含第一章「三種工作經歷，練就我的工作能力」中提及：「說話方式，是任誰都能夠透過練習而獲得、進而得心應手的一種技能。」

文中作者侃侃而談自己學習說話的心路歷程，真讓我心有戚戚焉。我是一位高度自律的人，一路上從臺大農經和嘉大行銷取得兩個碩士學位，再到身兼數職的創業歷程等。

很有衝勁的個性讓我總習慣額外投入精神、心力在創業領域。不過，在全心投入之餘，我也在許多場合學習到溝通方面的功課。因此，我特別認同作者的論點：「一個人的說話方式，絕對不是取決於品味或角色塑造。」

正因為不是每個人先天就善於溝通，「在對話前做好準備，以便順利將心中的想法正確傳達給人」，是我做任何事情前的個人堅持。

以及，第二章「正確的發脾氣，不得罪人也不為難自己」，作者提到「適時轉換立場」的觀念，也是我在創業過程中秉持的重要原則。在人與人溝通的過程中，難免會遇到不如人意的情境。但當我們轉換立場，總能發現對方的表達背後，蘊藏的期待。這些思維我也常應用在和員工的互動上。

接著，第三章「讓對方願意聽的勸導方式」裡面提到：應當積極，但謹慎使用勸導的溝通方式，更能帶來積極的職場氛圍。這其實和我平常的做法很像，在創業過程中，當然也會遇到需要調整、修正的事情，但我和夥伴們總以「對事不對人」的態度，回應所有挑戰與狀況，和書中提及的觀念類似。我們會先將焦點放在他人的好，並以積極、正面的態度與當事者溝通，排除不必要的情緒，針對事實對話，並持續以「讓彼此更好」為原則溝通。以這樣的方式談話，不僅能將緊張的情境化險為夷，還能創造更順暢的溝通過程。

除了上述三個觀點以外，整本書的內容都對我有很大的收穫。如果你是一名想在工作上努力突破，並希望精進溝通技巧的職場新鮮人，在閱讀本書後，絕對教會你如何開始讀懂老闆沒說出的那些話；如果你是一名中階管理幹部，那看了本書後，你會知道如何與員工對話，並從他們的立場出發，讓溝通更有效。誠摯推薦《說真話不得罪人的方法》給大家。

前言
說真話不得罪人的方法

「要不要出一本談論就算講話比較直接，卻不會討人厭，反而能贏得好人緣的書？」在咖啡廳裡，編輯滿臉笑容對我提起出書計畫。

「什麼？要是真有這種妙招，我也想知道！」面對編輯的提案，我不禁暗自在心裡這麼想。

「世上有些講話比較直的人，總是容易惹人厭，但是也有些人因此很受歡迎。您平時講起話來雖然辛辣又直接，卻也沒什麼人因此討厭您，不是嗎？」編輯對我說。

是嗎？但還是有些人不太喜歡吧？雖然也有不少人表示聽起來很過癮，或是覺得耳目一新。

過去我曾是個諧星，現在主要從事節目編劇的工作。最近也會上《Wide na Show》（按：日本富士電視臺於每週日播放的新聞情報型綜藝節目）等談話性節目，發表一些評論，有時候可能在用詞上比較犀利。

話說回來，**講話惹人厭或討人歡心，具體來說有什麼不同？**是由說話者的形象、道德觀，還是長相、聲音來決定嗎？

編輯對此表示，**差別主要在於傳達的方式**。

原來如此，傳達的方式確實也是我特別留意的重點。雖然我給人說話直接的印象，但不管是在稱讚別人或發脾氣時，我確實也時常花時間思考，並且觀察談話對象的感受，以掌握適當的說話時機、詞彙，以及最適合的表達方式。

因此，「直言不諱」跟「不留情面」之間，還是有所差別的。只不過，要我傳授其中的訣竅，這聽起來似乎有點太厚臉皮了，令人擔待不起。所以，一開始我打算拒絕出書邀約。

但，後來聽到某一位眼神十分溫柔的寫手所說的一席話，我才因此改變想法。

那位寫手說：「近來，許多人因為不知道怎麼與周遭的人溝通，或是如何拿捏與別人之間的距離而煩惱。由於害怕被他人討厭，難以說出內心的真正想法。有沒有什麼辦法，能夠讓這個既尷尬又充滿隔閡的世界變得更友善一點，改變現有的環境呢？

「真是的，在這個社會即使想說什麼，也無法輕易說出口，簡直成了一種病態。想當年，演員反町隆史真的是太帥了。」

「最後一句是多餘的吧！」我忍著沒當場吐槽。現在想想，還真應該直接說出口，就是這種感覺吧，實在不希望有人再因為這樣而感到後悔了。

總之，經歷這些種種，我想自己既然多少能盡一份心力，就答應寫書。

然而，如果只是寫下我自己的做法，例如「只要這樣說就好」、「這樣告訴對方就好了」，又好像有點自視甚高，說服力不足。

因此，我決定透過回答剛剛提到的寫手，以及這次邀稿的編輯所提出的問題，聊聊我平常如何跟別人交談，以及一些訓斥、批評、拜託別人的方法，以「語錄」的方式呈現。

換句話說，本書是透過來回提問和解答的過程才得以誕生。就結果來說，應該也算完成一本能讓讀者輕鬆理解，並且逐步實踐的溝通話術集。

希望能藉此協助「想好好訓誡部屬，但總覺得辭不達意」、「想簡短有力的向自私的主管提出抗議」的上班族，或是「明明只是想稍微叮嚀孩子，卻動不動就發脾氣」的人們，能夠在社會、家庭生活中過得更自在。

第1章

三種工作經歷，
練就我的工作能力

最近，我在街頭上被人叫住時，常常聽到以下這幾句話：

「妳上電視總是那麼暢所欲言，看了真痛快！」

「那麼直言不諱，看了真讓人羨慕！」

「拜託，也來對我的老闆說教吧！」

「請幫我好好罵一罵家裡那沒用的老公！他就在那，我可以現在叫他過來嗎？」

過去的我，原本不擅言辭又性格畏縮

呃，再怎麼說，我也沒辦法對第一次見面的人說教啊！結果原本躲起來的那位丈夫，一溜煙的逃跑了。

所以我到底是個什麼樣的角色？在大街上偶然遇見某位糟糕的丈夫，就會對他大發雷霆的人嗎？當我是日本民俗傳說裡，那類似惡魔、會挨家挨戶要酒食，並嚇唬居民的生剝鬼不成？

雖然本身沒這個打算，但不知為何，人們似乎認為我就是這麼個言詞犀利的角色。很幸運的，近來我有接到一些工作，是在談話性節目中擔綱評論，發表自己當下對於事件或醜聞的真實想法，可能是因為這樣，才造就了這類直言不諱的形象吧。

也可能是因為，我有寫過一本抒發家務上累積的不滿，以及與老公（按：川谷修士，隸屬日本諧星組合「兩把手槍」）之間吵架細節的書也說不定。

也或許是因為，我不只一次以諧星前輩的身分，對不盡力搞笑，每天只會忙著彈吉他、吹口琴，還自稱「ＤＪ」，興致一來還會在夜店玩起ＣＤ的老公的搭檔——小堀裕之，厲聲喝斥：「別彈了！」、「別再吹了！」、「不要亂玩ＣＤ！」這種凶巴巴說教的形象過於強烈的關係。

然而，當那些人向我表示「妳夠直白，讚」的時候，我雖然隨口道了謝，但總覺得心裡有些介懷。

我說話，真的有那麼直白嗎？說穿了，我原本不是那種能夠清楚表達自己意見的類型。小時候，甚至可以說是不擅言辭、個性極度畏縮的孩子。除了跟極少數的好友之外，幾乎不太開口說話。

「我到底是從什麼時候開始，成為了大家眼中直言不諱的『生剝鬼』呢？」、「講話直白竟然也會被羨慕……好像還滿奇怪的？」在我的心中，不禁產生了這些疑問和不協調感。

只不過，雖然有這樣些許的不協調感，我也深深感受到眾人期望我「為人們發聲」的心願。真令人忍不住感嘆，現今這個時代，沒辦法說出自己想法而感到煩悶的人，真的比想像中要來得多啊。

想直接說出口，又怕被別人討厭

這個世上，可說是充斥著各式各樣的爭端。主管或老師假如稍微出言訓誡、責備部屬或學生們，就有可能立刻被冠上職權騷擾、性騷擾的罪名，甚至被質疑這樣的行為是否符合相關規範，受到種種道德及規定束縛。

當然，這麼做確實能帶來不少好處。對於弱者的不當霸凌，或是利用權位行使的騷擾行為，都應該嚴格的控管。只不過，有時也因為如此，似乎產生了無法動怒、出言責備、訓誡的狀況。

另外，由於推特和ＩＧ等社群軟體的蓬勃發展，現今已然塑造出一個任誰都能夠發表自己意見的言論環境。但，有時候一些不小心洩漏的真心話，也可能成為眾人抨擊的目標。

在網路上使用本名發表批判的言論，任誰都會擔心被厭惡，甚至是被告。正因如此，比較有自信的人，發表的意見聽起來就特別大聲，像我這種原本個性就比較畏首畏尾的人，心情也越加煩悶。

很多人就會心想：「假如會被討厭、會顯得格格不入的話，我還是閉嘴吧……。」很多人除了在學校、公司會這樣想，回到家裡跟上網的時候，可能也會哀怨的想著「我也有很多想說的話」之類的。

無法說出內心真正想法的社會，或許就是這樣形成的。可能也正因如此，「崇拜能夠直白說出內心想法」、「自己也想這樣回話看看」的人，也跟著增加了。

誰都不想被他人討厭，也不希望自己在群體中格格不入。就連我也是。可是，無法說出真心話，只能不斷忍耐下去，也很痛苦啊！要怎麼做，才能夠不被別人討厭，又可以確實傳達自己的想法呢？我常被問到這個問題，卻遲遲未能找到關鍵性的解答。

過沒多久，我就被邀請寫這本書。直到在受邀的郵件中，我看到責任編輯的這段話，才頓時恍然大悟。

我想透過這本書，讓讀者們了解，野野村小姐能夠直白表達內心想法的談話技巧，以及不容易被別人討厭的個人形象塑造方式。

「原來如此，也對喔。」一種「就是這個！」的答案，呼之欲出。但我隨即也察覺到，「不過，又有點不太一樣。」

我覺得，自己之所以具備這種直白敢言的形象，原因不是出自談話技巧或形象塑造上，或許應該歸功於，我做了不少「準備功課」吧。

這邊要再重提一次，我原本的個性既不擅言辭又有些畏首畏尾。所以，一旦要講些比較帶刺的話，為了不被別人討厭、遭到反駁或攻擊，我都會徹底思考過，先準備好應對幾種可能發生的情況。

為了避免被別人討厭，我的直言不諱都是建立在一定的準備之上。

簡單一句話，讓工作態度隨便的部屬反省

舉個例子來說好了，各位如果發現已經具備多年工作經驗的部屬或晚輩「對工作的態度隨便」，會採取什麼樣的方式提醒他呢？

假設你請對方印出要交給客戶的簡報資料。「印好了！」對方自信滿滿的交給你數十張資料，其中卻有很多是印歪的，紙張交給你之前也沒有先整齊疊好，就用釘書機釘起來。

我懂，這種狀況會讓人不禁想開罵：「這什麼東西啊，重印！」

不過，現在這個時代，如果真的這麼說，馬上就會被認為是職權騷擾。即使沒有發展到這個地步，不分青紅皂白的劈頭就罵，對方很有可能從此對你敬而遠之。儘管如此，還是會想盡量避免有人之後在背後說你「動不動就發脾氣」，甚至是在社群媒體上發文抱怨吧？

但如果完全忍住不說，自己又會累積不少情緒壓力，而且等於對工作態度糟糕的部屬或晚輩置之不理。這不但扼殺了對方成長的機會，也可能增加其他同事甚至是客戶的麻煩。

如果是我，像這種時候，就會用大聲吐槽的方式回應：「你也太亂來了！」就這樣，簡單明瞭的一句話。

但這句話表現得既沒有發怒，也沒有強烈的不滿。就只是語氣上表現得驚訝而已。

以漫才（按：日本的一種喜劇表演形式。多由兩人組合演出，一人擔任滑稽的角色負責裝傻；另一人擔任較嚴肅的角色負責找碴，兩人藉由互動講笑話）的表演形式來說，就是用這句話來吐槽隨便的工作態度之橋段。

不是直接斥責對方，也不是對部屬或晚輩發脾氣，而是在看到工作成果之後，用「你也太亂來了！」這句話來表現出「我好驚訝」的感想。

短短的一句話，代表了「咦？為什麼？為什麼會釘得亂七八糟？怎麼了？我好驚訝啊！」的想法。

即使語氣稍重，也不帶有指責對方的意思，所以對方和在場的同事不至於會產生排斥的心理。但透過這句話，你想表達的真正意思，還是能確實傳達給對方。

對方可能會心想：「是嗎！原來我沒整理好。」、「糟糕！偷懶被發現了。」然後察覺到自己在處理工作上太隨便，竟然嚇到別人，而自我檢討。

重點在於讓對方察覺到這件事，以及傳達自己的感受。如果當場勃然大怒，或是親切的從頭開始教起，或許也能達到同樣的效果，但也會因此耗費不少心力和時間。

相較之下，**展現出自己的驚訝之情就輕鬆多了**。不但不需要多餘的力氣和時間，被別人討厭的風險也相對低很多，還能瞬間將感受傳達給對方，這不是一舉兩得嗎？

不過，在語氣上的控制還是很重要的。要盡量率直、爽朗的吐槽，並且要避免之後對同一件事繼續囉嗦。只要遵守這個原則，對方應該也會比較坦然心想「下次做事要再小心一點」。並且從這個狀況學習到，要是再犯同樣的錯誤，又會嚇到別人了，搞不好下次還會惹對方生氣也說不定。

生氣預告，說出自己的感覺

我將這個過程，稱之為「生氣預告」。想罵人的時候，先別罵出口，而是展現出自己的驚訝；想生氣的時候，先別動怒，而是說出自己的感覺。

「我現在雖然沒有生氣，但你下次再這樣做，我就會生氣了喔。」表達出在動怒之前的預告，或者比較像是種輕輕提點的忠告。

在這種時候，或許也可以參考以下的另一種方法。我取名為「讚美式說教」。雖然整體來說稍微帶有說教的涵義，但要在一開始就適度提出對方的優點，在對方覺得「你這個人好像滿不錯的」，或是「好像可以相信這個人說的話」之後，再確實溝通希望對方改進的部分。

所以，在收到隨便處理的印刷資料時，可以先開口稱讚他平常的表現：「○○，你平常的理解力都很高，就算不用我點出細節，你也都能確實掌握，這點幫了我很大的忙。」

接下來再補充：「這份資料的做法，很不像你平常的做事風格喔。可以幫我再重印一次，然後仔細裝訂好嗎？」以說教跟要求重印來收尾。

而面對工作速度比較慢的晚輩時，可以先說「你在工作上都滿細心的，謝謝你」、「整體品質也很不錯」，之後再告知「要是速度可以再快一點那就更好了」來提點對方。

假如發現自己的兒子，最近說話用詞變得粗俗，也可以從稱讚切入：「最近你越來越有大人的樣子了。」、「用詞方面更有禮貌一點，才能成為更帥氣的大人喔。」

要向某人傳達某些事情時、必須說些難以開口的事情時，我都會先準備好幾種不同的套路，也可以說是多種不同的選項。模式不僅限於發脾氣時，也包括拒絕對方的請求，或是不得已要拜託別人的時候。

不擅長在別人面前發脾氣的人，是不是也不太擅長拜託或是拒絕別人呢？不過，只要先預設好套路，就能夠輕鬆面對。由於在情緒上不用太過忍耐，內心也會感到輕鬆許多。關於多種不同的套路，我會在後面的內容中詳加說明。

我想，自己之所以能夠像現在這樣暢所欲言，或許都該歸功於過去曾經歷過的三種工作。

第一個是諧星。前面提到過，我原本的個性既不擅言辭又膽小，很難把自己的想法傳達給其他人，但又喜歡逗別人笑，才走上了諧星這條路。

我跟小學時就認識的朋友，兩人一起進入NSC（日本吉本綜合藝能學院）就讀，並且組成了搞笑漫才團體。

能將搞笑當成工作，對我來說是如此美好。但當自己身處其中，才會發現那是個多麼艱辛的世界。很多時候我們辛苦想出來，自己也覺得有趣的段子，觀眾們看了卻沒什麼反應。

要留心是否符合鋪梗、裝傻、吐槽的結構。也要避免段子的內容太過於自我中心。還包括唸臺詞的速度、口吻、動作，假如任何一個環節出了差錯，就真的很難順利逗樂觀眾。

所以，諧星的工作其實也是建立在多重的準備之上。用這種表達方式能夠順利鋪梗嗎？加點留白的時間，裝傻起來會不會更有效果？說到底，這個段子真的夠有趣嗎？

段子的結構實在太細膩且複雜，只要稍微錯過時機，大家可能就不會覺得好笑。一點點表達方式的差異，或是加上一個字、拿掉一個字，都會影響段子的傳達方式，大幅改變觀眾的接受度。

簡單來說，不受歡迎的段子，就是沒有將內容成功傳達給觀眾。

跟我在NSC算是同期的中川家兄弟，還有陣內智則、小林劍道、好萊塢雜魚師匠等人，都是非常具有才華的諧星，因此也促使我不斷思考「該如何打動人心？」」、「笑點有確實傳達給觀眾嗎？」」並且重複排演。

說到才華和努力，可不能忘了提到田村憲司這位諧星。他從很久以前，就潛心研究該如何呈現最有效果的冷場表演，觀察什麼樣的說法，觀眾的反應會越冷淡，才確立了他現在的表演風格。

你說那應該不是故意的？只是不小心冷場而已？那怎麼可能嘛，他可是專業諧星，一定全都是算計好的，計畫過的冷場！

認真說起來，故意達到確實冷場的效果，再用一句簡短的話收尾，以達成逗笑觀眾的目的，可說是難易度極高的搞笑技巧了。

就某種意義上來說，諧星的世界也是建立在適時向觀眾切換說話的模式，並且確實傳達想表達的內容。

只要確實練習，任誰都能夠做到

我的另一個工作經驗，則是一般的辦公室職員。我在前面提到，我和朋友組成漫才團體，遺憾的是，後來由於搭檔的個人因素，團體解散了。之後我就在大阪從事了一年的辦公室事務工作。

說到當時的主管，那可真叫人夠受的。講話常常不知所云就算了，還特別容易發脾氣，只要有一件事情不如他的意，經常會衝動的大聲怒吼：「搞什麼啊，你這蠢貨！」

而且他可能對這樣的自己感覺良好，隨著時間過去，他的吼叫聲和怒氣也越來越誇張。被罵就算了，重點在於，被罵的人還是不知道要改進什麼，因為他在怒吼的過程中，完全沒有傳達出問題出在哪裡，又應該要怎麼解決。白白被罵的人，自然而然也會聽不下他所說的話了。

「這樣的話，我還是辭職吧。」短短一年的辦公室經驗，讓我意識到不過度情緒化的與他人溝通、告知希望對方怎麼做的重要性，並且嘗試實踐在工作上或家庭中。

接下來的第三個工作，就是家庭主婦了。如何讓老公和兩個女兒，心甘情願幫忙做家事？要怎麼巧妙避免家庭糾紛，讓每個人和睦共處？為此要特別留意些什麼、又該如何表達？

像這些珍惜能夠與家人共度的重要時刻，以及想講什麼就好好表達，不讓自己累積多餘壓力的技巧，都有在之前我所出版的作品中提到過。

這邊我要再強調一次。一個人的說話方式，絕對不是取決於品味或角色塑造。正因為表達能力不夠好、不擅言辭，所以更需要有所意識，才能做好事前準備，順利將心中的想法傳達給他人，以此磨練說話技巧，以及清楚表達出自我的個人風格。

換個說法，不假修飾的說話方式，是在這麼做之後，任誰都能夠獲得的一種技能。因為是技能，只要經過練習，就可以越來越得心應手，不管是我或是你，都能這樣表達出內心的想法。

現在，不管是職場、學校或鄰居之間，都充斥著一種難以開口的氛圍。假如真的已經忍耐不下去，壓力就像火山一樣快要爆發的話，不如試試書中介紹的溝通方法。

無論是想說出真心話，卻無法清楚表達的人，還是不擅長拒絕或拜託別人的人，在參考本書範例之後，就能比較輕鬆、簡單表達出來了。

從下一章開始，我會依序介紹一些傳達「難以開口的話題」的小技巧，請各位務必在閱讀之後，實際活用在生活當中。希望多少提供協助，讓你的人生過得更輕鬆一些。或者是稍微減輕你在人際關係中，所感受到的壓力。

若是能夠減少一些人們心中的不安和焦躁，令世界更添和諧，小堀要是能順便別再彈吉他，那將會是我身為作者無比的喜悅。

第 2 章

正確的發脾氣，
不得罪人也不為難自己

01／生氣就會被討厭？你可以軟性告知

「不可以生氣！」現今的社會環境，這樣的氛圍似乎越來越明顯。

例如，你頭一次去某家餐廳，卻被店員無禮的態度惹怒，正想著要如何客訴，卻還是擔心周遭人的眼光，也害怕因此被寫到社群媒體上：「哇，今天竟然遇到奧客！」於是心想：「唉，還是算了。」終究選擇隱忍。

在月臺上等電車進站時，大家都很有秩序的排好隊伍，卻有個大叔突然插隊。雖然想出聲喝止他要守規矩好好排隊，可是隨即又想到「算了，要是他惱羞成怒可就麻煩了」只好暫時壓抑自己不滿的情緒。

買東西時，遇到幾個小學生在超商裡跟朋友相互追逐玩鬧，撞上自己，卻連一句道歉也沒有就想跑開，這種時候又該怎麼應對呢？

大部分的人，應該都會這樣想，不會真的當場開罵吧：「都是些沒見過的孩子，要是叫住他們，被當作可疑人士報警，那可就得不償失了。」主因就在於，很多時候發脾氣必須承擔的風險太高，許多人才會選擇忍耐。

「雖然很令人火大，但我不會真的發脾氣。」、「煩躁是煩躁，但還不至於真的動怒啦。」這樣想的人不斷增加，導致空氣中瀰漫著一股無從消散的怒氣。

憤怒的情緒，應該確實表達出來

我都懂。這樣的心情我非常能夠體會！因為再怎麼生氣，也不想被旁人當作怪人看待啊！而且對方要是真的惱羞成怒，也確實挺可怕的。但我還是認為，**能夠正確「發脾氣」，是非常重要的一件事**。

為什麼？因為將憤怒的情緒直接封存在心中，無論是對自己或對這個社會，都是一件非常不健康的事。

假如遇到不講理的店員，或是態度傲慢的大叔，心中瞬間湧現了猛烈的怒意，想將它強行壓抑住，體內卻似乎仍然會受到那股憤怒影響。忍住想規勸胡亂奔跑的孩子們的心情，也同樣如此吧。

按捺著心中的怒意用餐，飯菜都變得不好吃了，有時候就算一時過得去，之後還是可能想起：「為什麼我那時，什麼都沒說出口？」而感到焦慮難耐，久而久之，這樣的狀況肯定有害身心健康。

更何況，勉強壓抑在內心的感受，有可能在其他時候，以另一種不同的形式爆發出來。

例如，由於在外怕大叔惱羞成怒，錯過把怒氣說出口的機會，回到家卻因此對家人嘮叨、動怒，大大影響了周遭人們的情緒。

另外一種情況是，容易遷怒在立場比自己不利的人身上。即使本人沒有這樣的自覺，仍有極高的可能會如此發展。

我以前的鄰居當中，有一位堅持不在他人面前輕易動怒的媽媽。雖然真的從未見過她對人發脾氣，卻會聽到她暗地裡說別人閒話，或是表現出看不順眼的態度，整個人散發出一股難以言喻的氣場。

即使經過她身邊時多問一句「發生什麼事了」，她也只會往這邊一瞥，回答「不，沒事」。出現了！必殺技！在這個時代，最有事的就是「沒事」兩字。

「我可不是那種會在人前隨便動怒的粗人喔。」眼看她佯裝高貴典雅的格調，面貌和氣場卻扭曲得徹底，感覺就是個容易被不幸纏身的女子。當然，在她周遭的人際關係氛圍，更是顯得相當緊繃。

她的孩子們總是得戰戰兢兢的看媽媽的臉色行事，久而久之，朋友們也逐漸離她遠去。每次因為社區事務和這樣的她共事時，我總會心想：「妳乾脆直接發脾氣還比較好吧！」這是我遇到的極端例子。

忍耐、壓抑下來的怒氣並不會就此消失，或多或少都會透過某種形式宣洩在他人身上。對象可能會是跟原本的怒氣毫無關聯的部屬、朋友、家人，甚至是孩子們。

因此，在演變成那樣之前，對適當的對象表達應該說出口的怒氣，不是反而比較健康嗎？再說，如果是因為遭遇到不合理的對待而感到憤怒，就更是如此了。

像前面提到的例子，在公共場合遇到態度不佳的店員；以及不守規矩，頻頻做出脫序行為的大叔和小學生，在不管怎麼想都會認為是「對方有問題」的時候，就應該適度傳達怒意，也算是為這個社會的秩序盡一份心力。

不擅長發脾氣的人，可以以「告知」代替生氣

生氣＝不夠成熟、沒有自制力、令人羞愧的。你是不是也這樣想呢？

但是，當湧現憤怒的情緒時，選擇讓對方知道，其實根本沒有必要對此感到羞愧。假如某人明顯做出了無禮或是不合常規的舉動，即使你忍著沒發脾氣，對方也不會因此感謝你，甚至可能就此失去了反省的機會，連一點自己做錯事的自覺也沒有。

想必今後也會不斷重複這樣的循環，讓其他人也出現類似的感受吧。搞不好因為這樣，會導致後續人們情緒爆發，甚至是受傷。

另外，如果是像前面提到的店員的例子，對於付了錢卻深感不悅的你來說，餐廳的料理明明很不錯，卻因為這樣再也不想二度光臨，這樣的狀況一多，也可能成為壓力的來源之一。

像這樣一味忍耐對不合理狀況的怒氣，不僅會令自己感到焦慮，對於對方和這個社會來說，也沒有任何好處。

偶爾，也該認為向對方傳達自己心中的怒意是種溫柔。這邊的意思，也不是要你成為那種動不動就生氣的人。畢竟直接將憤怒的情緒發洩在對方身上，絕對不是件好事。

重點還是在於表達方式。表達怒意的方式，不是只有向對方怒吼這個選項而已。舉例來說，**平常不擅長發脾氣的人，如果把「生氣」改成「告知」，會不會容易得多？**

假設今天在餐廳遇到態度有問題的店員，現場氣氛變得凝重，又不想被眾人關注，可以向店長反映，藉此提醒那位店員，不用直接於現場向本人說出口。

面對插隊的大叔，也可以不經意的笑著朝他提醒一句：「啊，這邊是在排隊喔。你應該不是故意插隊的吧？是不小心站到這裡的對吧？我知道、我知道。」佯裝出理解狀況的模樣，藉此軟性告知。

對於在店裡奔跑的孩子，則可以小聲告訴他們：「這樣做很危險，也會給周遭的人添麻煩喔。」

這種告知的做法，應該比生氣要來得簡單多了。而且，就算不大聲嚷嚷，也能夠確實向對方傳達「別再這樣做」的意見。

這麼做，這個社會可能會變得更好，也可能不會有任何改變。但是，至少不需要再忍耐憤怒的情緒，這點確實能讓自己的心裡舒坦許多。

不過，假如對方還是惱羞成怒了呢？這種狀況真的會令人更火大，但對方如果是個危險人物，很可能會衍生出難以解決的事端，所以，這時還是盡量能退則退，避免發展成以下對話：「居然惱羞成怒，別退縮，我們跟他槓上了！」

我想強調的重點在於，生氣不是一件壞事。說不定，適度釋放自己的怒意，就能夠有效改變人們在生活中舉棋不定、不斷逼自己忍耐，或是在不知不覺間遷怒弱者的局面。

正確的發脾氣，除了維持心理健康，也能為社會盡一份心力，更是站在對方立場著想的溫柔行為，請清楚寫在內心的記事本中。

為了自己，也為了對方，偶爾發發脾氣不是件壞事，偶爾生生氣也可以。首先就從這點開始做起吧。

02／為自己辦一場憤怒特賣會

說是這麼說，還是有許多人沒辦法說生氣就生氣吧。因為對於本來就比較少發火的人來說，要在事情發生當下指責某人，並清楚的向對方表達心中的怒意，確實是件相當不簡單的事情。

這裡提供一個我曾經實際嘗試過的方法：舉辦期間限定的「憤怒特賣會」。首先，決定好促銷期間是從何時開始、何時結束，在這段期間當中，盡情辦場跳樓大拍賣。你問我要賣什麼？要賣的就是你的「憤怒」。

現在的我，雖說已經是個在受到不合理對待時，都能夠理直氣壯抒發己見的人，但如同前面提到過的，以前的我，也曾無法坦率表達自我，更不用說訓斥其他人了。

因此，即使出門在外吃了苦頭，往往也沒有一句抱怨，自己默默回到家。上班的時候也是，即使對同事有意見，也覺得時機好像不太對，所以沒能說出口。

那時，總是撐到下班回到家後才向老公吐苦水：「當下雖然忍了下來，但我還是很生氣。」我也有過這樣的時期。但這麼做，壓力是會累積的。既然回到家都要抱怨那麼多次了，當下說出來不是很好嗎？

說到底，為什麼不能直接點出自己覺得不合理的狀況？如果是對方的錯，給對方忠告：「你這點，還是改一改會比較好！」不也是在幫忙對方嗎？這也是一種溫柔。對，我對別人就是這麼好。

帶著這種特異獨行的想法，我決定，為了自己也為了這個社會，就當個會好好發脾氣的人。可是，我也不想當個動不動就發脾氣的人。

所以我決定辦場期間限定的特賣會，向老公宣言：「我今年，要當個會好好發脾氣的人！」

從那刻開始，我在外面吃飯或搭計程車時，如果遇到以前心裡會覺得「這是不是不太合理」而默默生氣的狀況，就會特別把這樣的感受說出口。

舉辦期間限定的憤怒特賣會，讓我更能夠發脾氣又正確提醒別人。

某天在藥局氣到不能忍……

有一次，在舉辦憤怒特賣會期間，我為了買藥而走進一家藥局。

那是家獨立經營的小藥局。正當我為要買哪種頭痛藥而煩惱時，一位看起來極度不悅的店員大嬸，從收銀臺後方的小房間走了出來，嘴裡還邊嚼著食物。

對方連一句「歡迎光臨」也沒有，就只是不停嚼著食物，邊盯著我看。明顯就是用餐到一半，因為被打擾，所以表現出很不耐煩的樣子。

我也覺得不太好意思，但為了避免接觸到造成自己過敏的藥物，我還是仔細看著外包裝逐一比較，並趕快決定要買哪盒……。

沒想到，大嬸嚼著她的食物，還帶著明顯不耐的口氣丟了一句：「都一樣啦！妳不用再挑了。」

我心裡雖然想說怎麼可能，但基於對方那句話的魄力和過度驚訝，還是順勢回答：「啊，不好意思。」

不假思索、反射性道了歉的我，還把右手那盒藥拿去收銀臺準備結帳。但就在此刻，瞬間感受到有股熱意從體內逐漸湧現。

沒錯，就是憤怒。跟不上突然發生的狀況，從遠方急馳而來的憤怒情緒，似乎正上氣不接下氣的向我控訴著什麼：「特賣……會……妳不是在辦特賣會嗎？那還不快上！」

我想起來了。我正在辦憤怒特賣會啊。沒錯，我今年就是要當個能夠勇敢把不合理說出口的人！

在這同時，大嬸繼續不耐煩的嘆了口氣，胡亂將裝了頭痛藥的塑膠袋跟找的零錢隨手放在玻璃桌面上，一臉就是「拿了快走」的表情。

當然，連句謝謝光臨都沒說，已經作勢要繼續回屋裡吃飯了。

「等一下，這也太奇怪了吧？」

「咦？」面對轉過頭來的大嬸，我連珠炮似的說：「太奇怪了吧，妳那什麼態度？我是不知道自己有沒有打擾到妳吃飯啦，我也只是走進一家營業中的店來買東西而已，這麼不想要有客人的話你們就關店啊！

「要是店門關著，我還硬要闖進來要買東西，那是我的錯，可是你們店門開著耶？不就表示營業中嗎？店還開著沒錯吧？那就好好接待客人啊。還有，裡面的成分明明有差，妳說都一樣是什麼意思？怎麼可能都一樣！藥效可能都一樣，可是每個人能吃的成分不一樣啊！

「客人不知道怎麼選的時候，詢問對方的需求也是妳的工作吧！再這樣混下去，你們這家店遲早會倒掉。」

從頭到尾，大嬸只是睜大了眼睛，默默聽完這一切。那倒也是啦。因為剛才還回答不好意思的人，突然不知道為什麼，氣到唸了這麼一長串。

之後，可能是有好好反省過，也自知理虧（或單純只覺得我是個可怕的傢伙），大嬸最後只擠出了這麼一句：「啊……真不好意思……。」

「好。」我還真的說了。把想說的全說完了！剛才真是氣到不行。真夠爽快的，能夠盡情表現出自己的怒意，感覺痛快多了。

假如我就這樣忍著那口氣打道回府，睡前一定還會再想起這件事，甚至不甘心到想把枕頭咬爛吧。一個不小心，可能連我家老公都會咬下去。

不過，痛快歸痛快……我也開始反省自己是不是說得太超過了。仔細回想，會覺得是不是有點太衝動，也說得太多了些。

如果只是展現自己的憤怒，對方只會感到害怕。應該說得更柔和一點，就算真的很生氣，中間也該聽聽對方的想法才對。

從舉辦憤怒特賣會的過程中，我也像這樣逐漸歸納出理想的傳達方式。

也不能太習慣發脾氣這件事

與其學會，不如習慣。開始在特賣會期間練習憤怒這件事後，就會了解到如何直截了當的傳達自己的怒意、能否確實傳達自己想表達的重點、傳達時聽起來是否帶有惡意，並找出改進的方法。這跟諧星平常需要彩排一樣。

之前跟我上同一個節目的專業主播也這麼說。那位主播已經有相當的資歷了，還是經常會空出時間，一個人面對鏡子練習，並且確認講話時的表情、音調等。藉此了解用什麼樣的表情、什麼樣的聲音最適合，並且能夠冷靜完成播報工作。

主播的工作是傳遞資訊，有時必須在現場直播的短短幾秒當中，向觀眾傳達帶有些許哀傷或是憤怒情緒的新聞內容。

正因如此，他們在自我研究上也絕不輕忽。我也因為前面提到的憤怒特賣會，有機會研究生氣的方式將近一整年，對於這種時候就該生氣、這邊要溫和切入主題，最後再犀利一點做收尾之類的技巧，還是挺有自信的。

在習慣之前，也可能會遭遇一些意想不到的狀況。對平常不習慣生氣的人來說，發起脾氣時，很容易被「好不甘心」或是「超火大」等情緒牽著鼻子走，說出的話和內容更可能是支離破碎、欠缺邏輯的，以至於完全沒有好好傳達自己想說的話。

這樣的情形過於頻繁，很可能會被人視作「只是個愛發脾氣的人」。

假如遇到這種情況，建議一開始稍微展露情緒，待習慣之後，再自己微調，以達到理想的效果，甚至可以稍微延長憤怒特賣會的時間。

不過，需要特別注意的是，跳樓大拍賣如果玩過了頭，可能會讓自己習慣生氣。

由於我當初把憤怒特賣會的期限設定為一年，因此在前往神社做新年參拜的路上，我在車子裡對老公宣告：「好，特賣會結束了。又到了新的一年，今天開始我就不會再生氣了！我也要向神明好好報告這件事！」

之後，為了停進神社的停車場，我們排了三十分鐘的隊伍，眼看接下來終於輪到我們了。

這時，只見一輛從反向車道開過來的車輛，突然剎車大迴轉，直接插隊在我們前面。

「喂！大家都在好好排隊耶。」

回過神來，我已經在對方駕駛座的車門外了。

裡頭的一家人神色泰然自若。

負責開車的那個爸爸還裝傻：「現在是怎樣？」

不行！我的特賣會已經結束了！

可是，誰甘心就這樣讓給他們。

煩惱了一陣，我舉起了緊握的拳頭說：

「要來猜拳嗎？」

我沒生氣，所以是面露笑容的說。

這是我最大的讓步了，但還是很嚇人嗎？

坐在後座的媽媽見狀，小聲向爸爸說了句：「我們走吧。」他們的車子就這樣開走了。

我家老公在後面目睹一切，完全以為我氣到作勢攻擊對方的車窗。幸好最後平安完成了參拜，我連忙向神明澄清致歉：「剛才那個不算！」

太過習慣發脾氣，特賣期間很難說結束就結束，請務必特別留意這點。

03／三明治生氣法，先笑、再怒、最後笑

有的時候，確實會很想發脾氣，但又怕對方一時惱羞成怒。這可能也是很少在外發脾氣，或是會刻意避免自己動怒的人，內心最大的隱憂吧。

如果說話方式像用小火煮開水那樣：「我覺得你那樣做，真的不行，要說為什麼？因為就是不行……要說為什麼不行……。」氣得毫無魄力，叫人光聽都聽不下去。

就算自己很難開口，也不該拐個大彎說：「那個……我自己是不太在意啦，不過那邊，你看看那，剛才還坐在那個北北西方向位子的客人，好像有點生氣耶。」這未免也太迂迴了吧。

視狀況不同，有時候反而會觸及對方的地雷區：「你什麼意思，故意找

麻煩？」

這種場合，有個值得推薦的應對方法。

其實，我從以前就自然而然會這麼做，不過在書籍採訪時，聽編輯忽然讚嘆：「這是三明治生氣法！能有效避免對方惱羞成怒！」我自己才察覺到，原來如此，確實是這樣。

難得有這樣的機會，我就繼續詳細介紹下去吧。

總之就是，即使對看似會惱羞成怒的對象大發脾氣，對方的反應也會是：「什麼！喔……好像也沒錯……。」就算對方一開始會湧現怒意，最終也會理解並且接受的生氣方式。

這就是所謂的「三明治生氣法」。

大家看到這裡應該還是滿頭問號，會覺得什麼意思？

這邊我就來舉一個令編輯盛讚「這就是三明治生氣法！」的實際例子。

先笑，再怒，最後再笑

二〇一九年九月。在社群媒體上極具影響力的某位日本網紅，在自己的推特上發了一則推文：「家事根本只要一個小時就能輕鬆解決了，這世界上的主婦都在幹什麼？」並且獲得了驚人的轉推數。

在那不久之前，我才剛出了《丈夫不知道的家事清單》這本書，而且主打「丈夫根本不知道家庭主婦每天得處理的家事量，堆得就像座小山，一定要讓他們知道」這點，因此對我來說，那則推文可不能看看就算了。

盛怒的我，在自己的部落格公開發表了反駁的言論。

內容跟我平常寫作的風格差不多。但根據編輯的說法，那就是三明治生氣法。

由於文章有點長，我就直接轉載在這裡了。

〇〇〇針對家事所發表的推文，似乎引發了一場網路論戰。

在太太出國三週的期間，〇〇〇似乎包辦了家中的所有家事，並且負責照顧三個孩子。他在推文上表示：「我一整天做家事的時間，包括打掃、洗衣服、用餐、準備孩子的便當（三分鐘就解決了），全都加起來也只需要一個小時。平常要照顧未滿十二歲的小孩，每天得花上八個小時做家事的女性，到底都在做什麼？忙著做卡通造型便當嗎？」

喔？真好。

我一整天要做的家事，可不只有打掃、洗衣服、準備三餐和孩子的便當（不可能只花三分鐘）而已啊。

家事的內容，還包括採購食材和日用品（就算上網訂購也是得花時間的）；在使用吸塵器之前，先用除塵撣掃去家具上和高處的灰塵；拆解夏天常用的電扇等家電，把零件拿出來洗；把秋季的衣服和鞋子拿出來準備換季；打掃玄關；擦拭家中所有鏡子；補充清潔劑和洗髮精等日用品；為砧板、抹布、幼兒園兜等生活用品漂白消毒。

還有把用過的傘晾乾捲好；把充電器等糾纏在一起的電線解開；把水龍頭、水管等銀色的部分擦拭拋光；清潔浴室的通風扇；廁所要清潔的地方不只使用過的地方，還要擦拭地板和牆面；把不知道誰丟在那的衛生紙軸拿去丟；清理洗衣機旁的排水溝；換好時鐘的電池；把手帕燙平；菜刀磨利；檢查家人牙刷的狀態，並且適時替換；將郵件分類，收到該放的地方；縫好孩子運動服上的名牌；幫孩子的物品寫上名字；為孩子的紅白帽換上新的鬆緊帶；確認及安排孩子學校、補習班、社團或才藝班，還有疫苗接種的行程並帶孩子去醫院。

以及蒐集孩子學習的相關情報，並實際前往旁聽；接送孩子上下課；分別出席幾位小孩的監護委員會、家長教師會、社區型集會；掌握孩子的近視度數以及眼鏡的狀況，定期帶他們去眼鏡行調整；遇到萬聖節，雖然對家長來說是滿滿的尷尬，但還是得負責準備孩子的裝扮，而且盡量不能跟其他小朋友的衣服撞衫，還要去幫孩子買發給朋友的糖果、包裝成小袋裝……萬聖節就算了，復活節是怎樣！

以前日本沒有在過這個節日的吧！是該吃什麼又該做什麼的日子？我都忍不住跟媽媽朋友抱怨起來了……。

八個小時都做不完好嗎！而且還有很多項目沒有列出來。再說了，家事會有做完的時候嗎？沒有！

完成一件事，又會有另一件事情蹦出來，做家事、照顧小孩是不會有終點的。

卡通造型便當？我現在早就沒在做了！即使這樣，時間還是不夠用啊！如果做家事跟顧小孩只需要三週的時間，那當然輕鬆多了！

讓小孩短期吃只花三分鐘就能做出來的便當是還好，但你能連續幾年都讓孩子吃冷凍跟即食食品嗎（雖然對身體應該無害啦）？

當然，一個爸爸能夠獨自支撐家裡三週，是非常了不起的一件事，但就一個家庭主婦的立場來說，有些話還是令人難以接受！

對家庭主婦而言，家事不只有打掃、洗衣、準備三餐、照顧小孩而已。

為了維持一個家庭舒適的生活環境，細數不完的大小家事，可以堆到像山那麼高，家事的內容也根據季節和狀況的不同，可能產生很多變化，除了「一般家事」之外，每天都會增加許多必須處理的項目，基本上時間根本不夠用。而且是每天循環，要持續一輩子！

因此，我想請○○○務必閱讀一下我寫的《丈夫不知道的家事清單》。

在將家事列表成冊之後，我才發現光是一般家事、照顧小孩的項目，竟然就有兩百一十一條。

如果家裡還有嬰兒要顧，還要再加上八十九條。季節性、非常態的家事也有八十五條。

我想，這當中一定還有些漏掉沒寫的項目。我只是不希望看到有人用調侃的語氣質疑全年無休、持續這種日子數年，甚至是數十年的家庭主婦們。

書中也包括針對「丈夫不知道的家事內容」的詳細解說（還是抱怨？總之是對丈夫提出的種種要求）。

還有，希望○○○務必出版一本能讓這輩子的家事，每天用一個小時就能處理完的訣竅！

我一定會去買來捧場的！

大概就是這樣。

就這篇文章來看，我確實是還滿火大的。一開始以為只是開個小火，中間突然轉成大火快炒。

可是，各位家庭主婦，瞧他那番言論，我生氣也不為過吧？

所以，到底哪裡算是三明治生氣法？根據編輯的解釋：

這篇文章，在一開始完全看不出生氣的影子。

在引用網紅的話「做家事這麼簡單，這世界上的主婦都在幹什麼？」之後，用「喔，真好」表現出笑著接受，並且有仔細聽對方說話的態度。但在途中卻突然轉換。

一邊堆疊著怒意「怎麼可能！家庭主婦要做的家事有這麼多耶！」並且

提出強烈的主張「我一整天要做的家事，可不只有打掃、洗衣服、準備三餐和孩子的便當（不可能只花三分鐘）而已」，甚至實際列舉出「丈夫不知道的家事項目還有這麼多」來反駁。

我現在才發現，這不就是……那個嗎。沒錯沒錯，就是那個……「搞什麼啦！」很類似漫才中吐槽的訣竅吧。

最後又再轉換。

為了避免像是單方面在發牢騷，在最後強調「希望務必出版一本能讓這輩子的家事，每天用一個小時就能處理完的訣竅！我一定去買來捧場的！」稍微表達出對對方的尊重、敬意作為收尾，甚至還主動提出「你出一本這樣的書，肯定大賣！」

至少不是以生氣、怒罵作結，而是加入一點幽默感來點綴。

不是一味堆疊怒、怒、怒的情緒，而是笑、怒、笑，在名為搞笑的鬆軟麵包裡，夾進熱騰騰、名為憤怒的大塊肉排，就成了三明治生氣法。

原來如此，謝謝編輯簡明易懂的說明。我自己倒是沒有察覺，可能真的是這樣也說不定。

生氣的時候，有些人是一根直腸子通到底的。

「什麼都不懂，少在那說些自以為是的話。」

「打掃、洗衣、做飯、準備孩子們的便當……怎麼可能只有這些事要做啊！你是白痴嗎！」

「不要再自我感覺良好的，從你那小小的井底世界，對著這廣大的世界發文！」

怒、怒、怒……用不管擷取哪裡，都充滿了憤怒的口氣敘事。但是，不容分說就用言詞挑釁的文章批判，對方想必也會以同樣的口氣應對。

他人的態度，取決於自己的態度。突然對他人發脾氣，難免會被認為是在找碴。倘若兩者之間原本沒有任何關聯，那更是不用說了。以我的立場來說，也絕不是刻意想找對方吵架。

自己為什麼生氣？其中應該潛藏著期望對方了解的心聲。

即使生氣，也完全無意傷害對方

回到開頭該網紅的發言，當我看到那則推文時，確實會覺得話不是這樣說的吧！並且感到憤怒：「這種小看主婦的錯誤言論，不該這麼高調到處被轉推！」

雖然當下有股想直接回覆對方推文的衝動，但若是真這麼做，就更可能讓雙方深陷泥沼了，我還是不太想這麼做。

冷靜之後想想，對方可能也只是一時誤會而已，不是刻意要挖苦我們家庭主婦，如果因為一時衝動就大發脾氣，未免也太失禮了。

再說，我只是想為全世界忙碌於家事的家庭主婦發聲：「不是像他說的那樣，做家事明明是很辛苦的一件事。」並且對發那則推文的網紅，以及全世界對家事有所誤解的人們傳達「做家事真的很辛苦」的訊息，並非想藉由憤怒傷害對方。

但，就算我只是在自己的部落格簡單發洩個幾句，充滿憤怒的言論可能還是會被當事人，甚至是他的妻子、小孩看到。

尤其是在文章中，若是過度簡化憤怒的表現，有時候看起來會充滿攻擊性，只會令人感到不快，反而沒辦法傳達自己真正的心聲。越多人可能看到的文章，即使是充滿著憤怒的情緒，我也會盡可能讓文字閱讀起來是比較輕鬆詼諧的，因為假如文章本身會為讀者帶來負面情緒，我自己的心情也會受到影響。

流於過度情緒化的憤怒，只會使這樣的負面氛圍逐漸擴散。

所以，我才會下意識利用比較開朗的說話方式和搞笑的要素，夾住憤怒的情緒。

所謂好的開始是成功的一半，結尾也收得好就不會有問題。

只要在一開始和最後加入一些正面的話語，無論是對方或周圍看戲的人，大致上都不會留下不好的印象。

跟不容分說就發脾氣相比，這種傳達方式比較容易給人一種願意接納不同意見的印象，就算其中帶有些許指責之意，對方似乎也較容易正向接納

「這個人，也是為了我才這樣講的吧。」至少實際上，我感覺對方比較不容易惱羞成怒。

這邊我要再強調一次。

當憤怒不帶惡意，只是想傳達自己的感受時，不妨嘗試看看這種三明治生氣法。生氣時，將「怒、怒、怒」，改成「笑、怒、笑」試試。

話說回來，最後也沒看到那位網紅回應我的文章，自然就沒有惱羞成怒這回事了。對方可能不願再深究，但我仍心想，這些想法若是有幸能傳遞給他，那是再好也不過了。

啊，搞不好他現在正在寫《讓這輩子的家事，每天用一個小時就能處理完的訣竅》這本書。真希望書中有傳授，每天只要花三分鐘就能準備好的便當菜色的方法。

早上三明治、中午飯糰、晚上三明治之類的？還是三明治夾飯糰的三明治便當法？那我一定會去買來捧場的啦！

04 刻意在眾人面前發脾氣

「生氣的時候，自己好像滿情緒化的，覺得有點恐怖。」

「好像很難保持理智、連自己都有點擔心。」

很少在外動怒的人，似乎很常擁有這樣的想法。

過去可能曾經在朋友或家人面前大發脾氣，最後發現自己也沒辦法好好控制怒氣，而造成不可收拾的局面。其中或許有人因此被他人厭惡，甚至是落得絕交或不相往來等下場。

有類似經歷的人，不妨試試「在眾人面前發脾氣」如何？看到這裡你可能會覺得：「咦，不是應該相反嗎？」

生氣的時候，就該到沒有人在的地方，無論是在公司、學校，就連照顧孩子的場合，大多數人都是這麼說的。

如果在人多的場合對某人發脾氣，也會嚴重傷及對方的自尊。而且現場如果有其他人在，被罵的那方丟臉和不甘心的情緒也會倍增，肯定會造成不小的打擊。

有時會因為打擊太大，對方再也聽不進別人所說的話，使真正想告知的重要訊息無法傳達給對方。有時依狀況不同，生氣的人還可能遭到怨恨。所以不僅沒有意義，甚至還有不必要的風險。

正因如此，大部分的人都會建議找個沒有其他人的地方一對一談。

只不過，我認為這個方法不是在所有狀況下都可行。因為在密閉空間一對一的情況下發脾氣，會使人更容易失去理智。

家暴和虐待案件，都是在密閉空間中發生的

人類是一種非常在意他人眼光的生物。

在家穿得慵懶隨性、頭髮亂糟糟的人，只要出了家門就會變身成另一副乾淨整潔的模樣。

不會見到其他人的時候，怎樣穿都好；但只要到有人會看到的地方，就換了個樣子。生氣也是同樣道理。

看到有小孩在玩火，你會大聲斥責：「太危險了！」或是對客戶顯現失禮態度的部屬大發雷霆。這些都是極度容易點燃怒火的狀況。

不過，如果是在密閉空間一對一的情況下發脾氣，會更容易使怒氣加倍延燒。

「大聲罵這麼小的孩子，會不會被認為太小家子氣，或是對孩子們太過分了？」「雖說部屬犯了錯，這麼大聲罵他，好像很了不起的樣子，會不會被認為是個不稱職的主管？」

像這種會介意別人怎麼看待自己的客觀性，在密閉空間中會完全消失。

談話性節目中，時常成為討論話題的家暴、幼兒虐待，或是職權騷擾、性騷擾等事件，也特別容易發生在密閉空間。

當事人原本可能也只是打算稍微說說教，或是提醒一下對方而已。但當身處於密閉空間，不管是親子間，或是主管與部屬間的上下關係，都會產生驚人的增幅。

由於不用顧慮其他人的眼光，也沒有人會制止當事人並告訴他：「說得太過火了！」很可能會因此降低自律的要素。

就像在家穿著隨性、頭髮亂糟糟的狀態一樣，毫無修飾的暴力行為和言語，有時很容易演變成雙方肢體上的衝突。

假如要在家責備孩子，請務必選擇有第三者在場的時候，例如另一半或是其他孩子也在時。

在公司想對誰發脾氣，盡量找時間在其他同事面前，用較沉著的口吻告知對方。為了掌握來自周遭的客觀性眼光，就要實際安排好現場的觀眾群。這應該也能有效成為你怒意的煞車。

05 教訓小孩前，先留意他的身高

「你怎麼拖拖拉拉的？」
「快去睡覺！」
「快給我起來！」

這些都是我常對女兒用的命令句。

我也想盡可能讓她在自由的環境中成長，但還是不免會遇到說話比較大聲的時候，有時語氣重一點，孩子也比較會聽。

不過，像這種時候，我在開罵時會特別留意孩子的身高再罵。孩子小的時候，很多事情不懂也是理所當然的。

假如無法仔細教導他，讓他隨著成長逐漸理解許多事物，就等於限制了孩子的發展性。

在這過程中也會經歷不少失敗，但如果不由分說的斥責孩子：「你在搞什麼啊！」、「為什麼就是做不好！」這樣做父母的未免也太自私了。

假如孩子年紀還小，不該一味責罵他，而是要花點時間，耐心指導他正確的方法：「不是那樣做，要這樣才對」、「假如遇到那種狀況，就應該這麼做」。

再說，大人的體型比小孩高大那麼多，**假如發起脾氣來大聲指責，看在孩子眼裡，簡直就跟高大的惡鬼沒兩樣。**

試著設身處地想像看看。一個必須抬起頭來仰望的巨人，帶著超可怕的表情俯視自己，還用比自己的聲音大上好幾倍的音量，夾雜有點難懂的語言不斷怒罵……光想像就覺得害怕了。

不過，當孩子年紀漸長，個子越來越高的時候，該罵的還是要罵。而且，為了不讓孩子受到傷害，或是去傷害他人，也總有一天必須嚴格教育他們所謂能做與不能做的事。

對方的立場，優先於自我情緒

前面提到的重點，在工作上也是一樣。

假如自己是主管，今天要責備新人，直接劈頭就罵，絕不是個聰明的選擇。因為很多時候，對新人來說，主管的存在本身就是一種壓力。

新人眼中的你，可能比你自己想像的還要龐大不少。對於立場相對弱勢的對象，還是盡量採取溫和的態度來表達內心的想法。

不過，當部屬成長到足以獨當一面時，偶爾對他說些嚴厲的話，也算是提供一個成長的機會。

前陣子不幸過世的日本棒壇知名球員野村克也教練，也曾強調過因材施教的重要性。

每個人的性格都不同。有些人被嚴厲指正，會更奮發向上，但也有人會因此感到消沉，甚至一蹶不振。

相反的，有些人受到稱讚會加速成長，但也有些人會因此得意忘形、停滯不前。

所以在發脾氣或訓斥對方時，都要看對象說話。站在對方的立場，考慮是否該直接把話說出口。

要改變說話方式，將自己的想法傳達給他人時，重點在於考量對方的立場，而不是以當下的自我情緒為標準。我覺得，這對諧星來說也是一樣的。

「真可惜。」現在的我，在自己也曾經待過的吉本綜合藝能學院擔任講師，指導晚輩們諧星必備的專業知識與技能。在教學過程中，就經常出現這樣的感慨。

當看到學生將梗埋得夠扎實，選用的詞句也很不錯，但寫出的段子卻完全不受觀眾歡迎時，就不禁讓人覺得十分可惜。

原因相當明顯，那是因為，他們只站在自己的立場思考段子的內容。即使自己覺得再怎麼好笑，決定夠不夠有趣的還是坐在臺下的觀眾們。假如段子的精髓無法確實傳達給觀眾，會冷場也是理所當然的。

搞笑梗的起點，不該從自己的立場寫起，而是要站在觀眾的立場來寫。

舉例來說，段子裡一開始要鋪梗，後面的收尾才會令人發笑。諧星在思考、琢磨這些搞笑梗的時候，常容易著眼在收尾的部分。但就觀眾的立場來說，要有簡單易懂、夠有趣的前段鋪梗，才會在後段的收尾笑出來。

有時候，在鋪梗時加上一些簡易的說明，或是直接寫得仔細些，觀眾會比較容易真正理解段子的內容，才會感覺到有趣。

我當年在學院以成為專業漫才師為目標時，也只站在自己的立場思考段子，因此有過好幾次表演冷場的經驗。

從小學開始，我就跟同學組成了雙人女子漫才團體。我擔任吐槽的角色，搭檔則負責裝傻。

我們兩個一起努力想段子內容，也練習了好多次，最後在課堂上表演給大家看。但是，觀眾的反應卻遠遠不如預期。

之後，我跟搭檔反覆討論其中的原因，也沒有得出答案。

「妳們啊，負責吐槽跟裝傻的，要不要乾脆交換一下試試？」某天，吉本綜合藝能學院的講師這樣問我們。

搭檔長得就一副傻樣，我則是從之前就常常負責吐槽了，當初自然而然就決定我＝吐槽角色，搭檔＝裝傻角色。

但是，講師站在觀眾的立場來看，似乎覺得這樣有些無趣，或許主要也是因為太走安全路線造成的。

有時候，平常看起來比較冷酷、面無表情的人平淡的裝傻，反而很能呈現搞笑時的反差感。這樣鋪梗才有意義，在段子的結構上，裝傻的部分會來得更有效。

因為我們對角色分配也沒什麼執著，心裡想著：「真的是這樣嗎？」並交換了吐槽跟裝傻的位置，再公開嘗試同一個段子。結果，受觀眾歡迎的程度真的大不相同。

不管是在課堂上，或實際在舞臺上表演，觀眾都笑得好開心。

有時站在自己的立場遍尋不著的問題點，能夠透過他人的立場，或是觀眾的立場來進一步掌握。

好好運用詞語、聲音、表情來傳達？

懂得適時轉換立場，在創作及商業往來上，都是十分重要的。在夫妻關係及教養孩子方面，站在對方的立場看自己，有時也會突然恍然大悟。

焦躁到想直接發脾氣、想罵人的時候，請先稍微停下來想想。對方是怎麼看待你的，是不是能夠稍微改變一下觀點來思考整件事？藉由怒罵、發脾氣要表達的想法，都能確實透過詞語、聲音、表情傳達給對方嗎？有時生氣過了頭，只會阻斷對方能夠接收到的資訊而已。

請嘗試用俯瞰的角度，客觀檢視氣頭上的自己。相信只要養成這個習慣，你就會產生極大的變化。

第3章

讓對方願意聽的勸導方式

01 帶著替對方加油的心情，適時勸導

不管是前輩指導晚輩：「你那個態度，對客人太失禮了吧？」或是主管釘部屬：「那種做法，行不通啦。」

年長者會主動為比自己年輕、經驗不多的晚輩提供一些「勸導」。

會主動提出勸導的人都去哪裡了？

過去在公司，這些都是理所當然的日常。

我在新人諧星時期，也曾被事務所的前輩叮嚀過不少次，例如「聲音太小了」、「要記得脫帽再跟上級打招呼」、「別坐那裡」等工作上的細節。

但到了近年，似乎有越來越多人不擅長像這樣提出勸導。

時代一直在變，像「年功序列、上情下達」這類金字塔狀的結構，也被人視作是種古板的象徵。

「不管是公司或任何組織，還是輕鬆自在點好。」

「只是因為出生得早一些，就以高姿態說些自以為了不起的話，未免也太老土了！」

這樣的想法，在過去以上下關係嚴謹而聞名的日本諧星和影視圈，也逐漸成為理所當然的生態，等於在業界越資深，就必須越留意對年輕一輩的遣詞用語和態度。

我想，這可能跟現在的年輕人「習慣在讚美與鼓勵中長大」有關。

當然，我也贊成在孩子的成長過程中，需要給予適度的讚美與鼓勵。但另一方面我也發現，不習慣被勸導的人好像變多了。

有時稍微受到前輩的規勸，就會出言抱怨：「我被罵了。」、「煩死了！」、「是職權騷擾。」、「我要辭職！」、「我不當諧星了！」這類抗壓性極低的人，在公司裡總是滿搶眼的。玻璃心到底有多脆弱啊？

聰明的人，都懂得要明哲保身。

出言勸導的人，主動提出良好的建議，例如：「這樣做會比較好喔。」卻反倒惹人厭，甚至不幸落得被告的下場。

光想到這些可能性，大家就越來越難開口勸導別人了，甚至連勸導這件事本身都逐漸式微。

「也沒什麼不好嘛？」

「讓年輕人自由發揮就好。」

於是，乍看心胸變得寬宏大量的前輩和主管，好像也跟著增加了。但看在我的眼裡，覺得他們只是選擇放棄了而已。

再這樣下去，「你」會很危險

說穿了，「勸導」這個行為本身，是為了誰而做？不會是為了自己，而是為了「對方（＝你）」才開口說這些的。

再這樣繼續做事，「你」會很危險。帶著這樣的想法工作或學習，會是「你」的損失。雖然是「我」勸導，事實上真正的主角是「你」。

也就是說，當初身為新人諧星的我，被事務所的前輩嚴格叮嚀；在剛擔任節目編劇時，被資深導播提點細節。這些都是他們打從心底希望我變得更好的諫言，這是最具體的聲援。

提出勸導的人，想必過去也曾接受過前輩們的叮嚀、提點，於是同樣希望將善行繼承到下一個世代，不希望惡行再延續下去。

勸導年輕晚輩的行為，或許也等同於繼承了超越世代、來自歷史的種種思緒。

如果只因為「不想惹人厭」，或是「要是被罵，根本得不償失」就放棄勸導，那可是本末倒置了。

在晚輩、部屬、孩子們面前，都應該規勸不該或者是應該避免做的事。假如你認為有更好的方式，請勇敢拿出自信主動開口，讓對方有向上成長的機會。雖然可能有些麻煩，我還是會認為這是我的職責並勇於規勸。

只不過，如果是以：「我好歹也是前輩，乖乖聽我的話就對了！」、「主管說的話就是絕對！給我記清楚了。」這類自以為是的口氣來勸導對方，一般人還是難以接受的。

為了能清楚提出勸導的內容，對方也樂於接受建議，也不會被認為太過自以為是，這邊提供以下幾種在勸導他人時可多方參考的範例。

02／「正常來說……」提到這句話就完了

我平常明明這麼常在節目上發脾氣，不可思議的是，卻很少聽到有人抱怨我。

這麼常釘別人，卻也沒遇到真的惹人嫌的狀況（大概吧）。

所以我在想，自己心裡是不是已經存在著一套「規勸別人時不能說的話」的清單？

提到這句話就完了

想要勸導別人時，有幾句話絕對不能說出口。

第一是：「正常……。」

「正常來說，會先確認一下再交吧！」

「正常國中生，都能解出這種程度的問題啊。」

這個詞好像滿容易脫口而出的，但被規勸的那方聽了，在火大的同時，可能也會覺得有些難過。

「何謂正常？所以意思是在說我不正常嗎？」

小時候，大家應該都很討厭媽媽拿別人跟自己做比較吧？

「聽說小美考試都拿一百分耶！」

「〇〇那麼聽話懂事，為什麼你就是做不到！」

搬出正常兩字規勸別人，就等於拿對方跟某個人做比較。

而且還擅自定義正常就是好，不正常就是不好。說到底，這個「正常」究竟是由誰來定義的？

在現今這個肯定差異性的時代，自己制定標準，還強迫別人接受「正常」這個詞，要是在勸導別人時多用幾次，正常來說應該都會被討厭，甚至有可能掀起論戰。

像這樣，真的很容易不小心就使用到，不時在句子裡出現。

隱藏在正常之後才說出自己的意見，對於對方來說，也是有些不公平的。**談話中不用跟正常做比較，只需要單純表達出自己的想法：「我是這樣想的，你覺得呢？」**

即使是規勸或是帶有斥責性質的話語，只要是為了對方著想的真心話，對方或許也比較能夠打從心底接受。

其他不該說出口的話，第二是：「以前……。」

包括「以前怎樣怎樣」、「之前那件事你搞砸了對吧，還是別那樣做比較好」這類嘮叨、老調重彈的馬後炮，也應該盡量避免。

因為很多時候，規勸的那方雖然記得很清楚，對方卻意外對同一件事沒什麼印象。

盡可能掌握「現行犯」的言行

假如當初是覺得不太妥當才沒去做，在聽到時更是會一頭霧水：「什麼時候發生的？有過這種事嗎？」因此難免會帶著不耐煩的情緒聽你勸導。

在這樣的情況之下，就算是為了對方好才勸導，也會被質疑：「他說的真的是我嗎？是不是記錯了呢？受不了，可靠點嘛！」甚至可能引發對方的厭惡感。

所以，想勸導別人時，請盡量現場掌握「現行犯」的行為。

假如發生當下真的沒辦法說，之後出言勸導時，請千萬不要太過嘮叨。

尤其是對孩子，他們可能根本記不起三分鐘前所發生的小事。越想提點小地方，就越應該在當下就明確說出口。

比起嘮嘮叨叨一堆，簡短扼要的一、兩句話，往往更容易留在心中。規勸對方的目的，在於改正錯誤的做事方法，而不是打擊對方的士氣。

03 讚美要直播，責罵不要重播

「不想被別人當作自以為是的人。」這樣的想法，可能會成為許多人想勸導他人時心中的煞車桿。由於只能選用較溫和的詞句，最後往往會變成柔性勸說。

但也因為這樣，真的希望對方改進的部分，卻沒有確實傳達，就等於失去了原本的意義。

所以，我特別推薦套用的方法就是「生氣預告」。

適時發送「你下次再這樣，我就會生氣」的訊息

在第一章也有稍微介紹到，就是如果有想說的話，先別實際說出口，而

是明確表現出自己當下的感覺。

重點在於「我現在沒有生氣。雖然現在沒有，但你下次再這樣做，我可能就會生氣了」，展現出些微的憤怒情緒。

例如，在公司交辦工作給部屬，卻覺得對方在工作上太隨便，就用一句：「你也太隨便了吧！」以吐槽的口吻讓對方知道。

繳交時間明明在當天上午，部屬卻要拖到傍晚快下班之前才完成，還絲毫不會感到不好意思，只丟了句：「這是你要的資料。」

這時，只要用「慢死了！」這句話，就能簡潔有力傳達自己的想法，而且這樣就夠了。

這種類型的部屬，本來就容易對自己超過繳交期限、工作速度慢等缺乏自覺。就算有，也不太會重視這些細枝末節。

即使主動向他表示：「我說你啊，繳交時間是什麼時候？現在已經傍晚了耶。動作也太慢了，連這種最基本的約定都沒辦法遵守，根本就不配當個上班族！」也會淪為嘮叨的說教，不算是個聰明的選擇。

就算真的這麼做，可能也只會被嫌煩。

一句「慢死了」雖然簡單，但在意思上也表達得夠清楚了。這句話的重點看似放在「你做太慢了」，但其實主詞是放在「我很驚訝」的「我」上面。

在真正責怪對方之前，先用一句「慢死了」，來表達出自己感到驚訝。語氣雖然聽來有些強烈，但對方也不至於因此產生負面的感受。

這麼做，也能降低反遭對方厭惡的可能性。

祕訣在於，震驚的表情加上少量的憤怒。大概就像是驚訝之餘，又帶了點怒氣的神情。假如做得太過，很容易會惹人嫌，所以還請適度表現。

要是避開目光，嘴裡又念念有詞那可不行，看起來個性太糟糕了。開頭夾雜一些笑梗，或許也是個不錯的選擇。可以把這想像成是一種吐槽。

說了這麼多，但其實一點也不複雜。只要坦率展現出你的驚訝就好。

即使只有這樣，這強而有力的一句話，還是能將你的情緒傳達給對方。面對你的驚訝，對方也會感到很驚訝吧。

於是，對方很可能會反射性回答：「不好意思！」這種簡短的預告，同時能夠製造一個良好的道歉機會，也相當適用於不太願意承認自我錯誤的對象。

假如對方還是不願意道歉，不妨就維持驚訝的神情望著他，直到那個人願意道歉為止。

「我說你啊，你晚了那麼久，就沒什麼想說的嗎？」

「對不起……。」

「我不說你就沒自覺嗎？你真的覺得自己有錯嗎？」

「是的……。」

「不，那你剛剛就應該先道歉啊！」

其實，你可以不需要把自己、對方跟周遭的人，都捲進如此煩躁的對話當中。

改說：「慢死了！」之後再簡單加一句「好好遵守時間啦」就行了。

對方聽了，不會像被責罵的時候那般沮喪，可能會更願意自我反省：「這樣啊，原來我動作這麼慢，都嚇到人家了……。」

稍微強硬一點的口吻，也等於稍加施壓，表明現在雖然沒有生氣，「但下次再遲交，我可能就會生氣了」。

所以我才取名叫「生氣預告」。藉由隱約告知對方，這是真正生氣之前的預告，以達到告知及防範的目的。

沒有重播這回事

「讚美可以有無數次，但責罵只能一次。」這是我母親常說的一句話。

任誰被稱讚都會感到高興，被責備都會心生不悅。

「簡報做得真好！」

「前陣子的考試，你成績很不錯嘛！」

在讚美別人的時候，就算提及過去的事，不厭其煩的稱讚對方都沒問題。但在**責罵別人時，就要盡量簡短，明確指出對方的錯誤或應該修正的地方，並且盡量不再重新提及。**

我在照顧孩子的過程中也盡可能做到這點，不過實際嘗試後，才會發現真正的難處。因為孩子犯下相同錯誤的次數，往往是我們大人無法想像的。

我們總是會忍不住脫口而出：「這我之前就說過了吧！」、「你又這樣了！」真的不是件容易的事。

在工作和人際關係中，我同樣將這點銘記在心。

每當聽到一次負面和尖銳的話語，人的內心都會感到刺痛。再三重覆的忠言，不僅無法加深人與人之間的理解，反倒會為對方帶來不必要的傷害。

對方要是採取自我防衛的姿態：「有必要說成這樣嗎？煩死了！」結果就是落得得罪人的下場。

正因如此，在說「慢死了」這句話的時候，絕對要快速簡潔的說出口，請千萬別誤用拖延或誇張的口氣。

04／不要傷了對方，才想幫他上藥

「你是因為看我不順眼，才老是這樣釘我吧。」

許多人可能都因為擔心被部屬或晚輩這樣誤會，而不敢嚴厲出言規勸。再怎麼想、怎麼說是「為了你好」，但人都有各自不同的性格，不見得每個人都能夠正面接收規勸的話。

受傷之後才想幫對方上藥，就太遲了

聽在有些人的耳裡，可能會容易被解讀成負面的意思，因此受傷。若是對方真的被你的話刺傷，受傷之後才想幫人家上藥，那未免也太遲了。

「我好像有些說過頭了」、「啊，不過，你有些地方做得也還不錯啊，像是那個……。」即使事後想說些什麼來彌補，聽起來只會顯得更加空虛，讓對方增添對你的不信任與厭惡感。

假如你真的是為對方著想才說的，請記得先幫他上個藥吧。

我有個實踐多年的好方法。

有一種即使嚴厲規勸，也可以盡可能不傷害對方，充分表達出「我是為了你才說這些的喔」，充滿溫情關懷的說話方式。那就是「讚美式說教」。

諧星組合兩把手槍中的小堀，是我老公的搭檔，同時也是我在諧星業界的晚輩。

小堀身為一位專業漫才師，卻對搞笑沒什麼堅持，每天只會忙著彈吉他、吹口琴，還自稱ＤＪ，興致一來還會在夜店玩起ＣＤ。咦？這我已經說好幾次了？不小心重播了？

雖說責罵只能一次，但有些人的問題，可不是說一次就能夠解決的。

更別說是放著溫柔的妻子跟四位可愛小孩不管，只會四處閒晃幾乎不回家，也不會幫忙分擔家事跟照顧孩子的小堀了。

這樣的丈夫確實令人感到生氣，小堀的妻子也主動要求我說：「請妳幫我罵罵他！」於是，身為諧星前輩跟他搭檔的妻子，我也盡全力規勸他了。

「別彈了！」

「別在那吵吵鬧鬧！」

「給我用力想搞笑段子出來！」

就是因為展現出如此強勢的態度，大眾才會對我產生愛發脾氣、直言不諱等印象。

但在我細問之下才發現，自己在說出這些充滿怒意的話之前，總是會先稍微稱讚一下小堀。

「你的表演明明很有趣啊。」

「其實你滿有這方面的才能。」

事實上，我確實十分認同小堀身為諧星的實力。他寫的段子的有趣程度可說是不同凡響。

這段過去應該不少人知道。他在小時候，父母就已經離婚，被母親一手帶大，但後來父親堅持「希望讓他繼承小堀家的家督之位」（按：家督指日本在傳統父權制度下，家族權力最大的領導者），因此與母親爭奪監護權。

小堀的母親自然大為憤怒，表示：「我怎麼可能把兒子交給你！」歷經一陣激烈糾葛，最後母親同意以四十萬日圓（按：根據二〇二一年七月二十日匯率，新臺幣一元可兌換三．九一日圓；若無特別標註皆以日圓表示）的代價將小堀賣給父親。四十萬日圓的交易，是在買賣中古二手車？

曾有過這麼一段艱難的過去，他卻還是能夠發揮說話的技巧與才能，將自己的不幸化作笑料，塑造出屬於自己的風格。從諧星的角度來看，確實是個不可多得的人才。

由於那段獨特的過往，他寫的段子都帶有一種不同於他人的深度，不只能讓人笑得開懷，更凝聚了他特有的觀點。

我這麼喜歡他的搞笑風格，他卻完全不願意有效運用自己的才華。「所以說，有空寫歌詞、彈吉他的話，不如多寫些段子吧！這樣一定會有更多觀眾會覺得開心，也比較容易成功。」我真的是打從心底這麼想。跟他寫的歌相比，我更想看新的段子，也以前輩的身分勸了他好多次，不過當然完全沒有要傷害、貶低他的意思，而是在具體明示他的優點之後，再開始認真說教。

也就是說，不是只顧著吐槽小堀而已，而是先幫他好好上過藥之後，再猛力打下去。多麼暖心的一份溫柔。

簡單來說，稱讚對方之後才開始說教，就是所謂的讚美式說教。

為對方量身訂做一個足以承受勸導的容器

每個人都會討厭被別人直接否定。

要是自己的行為突然遭他人否定，例如「你這樣做比較好」、「別這麼做吧」，即使對方說的是對的，大多數人也會不想聽、不想去承認。

有些人還會因此闔上心門，聽不進任何其他的聲音。為了保護自我，甚至可能會這麼想：

「（勸導我的）這個人，一定是因為討厭我才那樣說的。」

這感受，應該不難想像吧。正因如此，才更需要將對方的優點說出口。直接向對方表示：「我很清楚你的優點喔」、「我一直都有關注你」。

對方聽了，通常會感受到「這個人原來一直都有在注意我」、「他是了解我的」，在具備足夠信任感的情況下，才會真正願意敞開心房。

在這個時候，若再不經意提出勸導：「不過呢，如果稍微改一下這個部分，或許會更好喔。」

「（了解我的）這個人，真的是為了我著想才那樣說的。」

對方這次，應該就會有這樣的感受。

也就是藉由稱讚這件事，放大對方承受勸導的容器。等於事先做好準備，讓對方比較容易承受嚴厲的話語。

這個步驟至少能直接讓對方知道，你的勸導並非出自一時的情緒或個人好惡。

「只要稍微改一下這裡，你一定會更好。我是這樣相信的，所以有時會用比較嚴厲的話來告訴你。」

這樣的想法，如果能確實傳達出去，就能獲得對方一定程度的信任。重點就在於那份信任。只要具備足夠的信任感，即使出言規勸，也不會導致雙方關係惡化。

雖然我常在電視節目上對小堀嚴格說教，卻不太會帶給大家負面的觀感，我想也是因為，那些話不是因為我討厭他，而是真心相信小堀身為諧星的才華，才會感到生氣的，或許這一點也有傳達給電視機前的觀眾，以及被罵的小堀本人吧。

再說了，假如雙方的關係真的差到不行，誰會願意消耗那麼多熱量來發脾氣啊！

只不過，說教的內容，是否能對小堀發揮作用，又是另外一回事了……但我相信，毫無虛假的「讚美式說教」，總有一天會傳到他的心中。

05 膚淺的讚美，會有反效果

剛才有提到過，建議大家在出言勸導前，先稱讚對方的優點。不過，要讓讚美式說教成功，首先也必須搞清楚對方「值得稱讚的地方」。

這會是最重要的關鍵。因為讚美式說教的重點，就在於透過讚美的話開啟對方的耳朵。但是，這也絕對不是要你隨口說說，或是阿諛奉承去拍對方馬屁。

稱讚之前，先養成做筆記的習慣

在勸導之前的讚美，必須要說到對方心坎裡，因為最真實貼切的話語，往往才能夠打動人心。

「啊，原來這個人平常真的有在關注我。」

「他了解我最真實的樣子呢。」

正因為湧現這樣的感受，對方才會覺得「假如是一直都有在注意自己的人，還是應該聽聽看他說些什麼」。

所以，假如平常沒有特別留意部屬或是晚輩的優點，光是找些膚淺的讚美詞來隨意搪塞，依情況不同，甚至有可能造成反效果。

舉例來說，我偶爾也會收到一些類似的讚美。

「妳跟小堀先生的互動，真的是太棒了！不過話說回來，妳家老公未免也太過分，明明是諧星，去學人家彈什麼吉他……。」

不是！那是我老公的搭檔，不是我家老公！這點希望你們絕對別搞錯！

為了避免資訊不足，造成這樣的悲劇再度發生，我建議平常就可以先觀察準備。

只不過，**人們通常不太容易記得別人的優點，偏偏缺點很容易就記得住**。在這方面，請務必養成勤做筆記的習慣。

其實，**我是個超級記事狂**。像在工作上想到的企劃內容，或是漫才設定等，我都時常依序記錄。

其他像在朋友、工作夥伴，或是家人之間，有接觸或聊到什麼覺得不錯或很有趣的話題時，我也會用手機記錄。

例如，看到跟我同期的諧星在節目上出現，如果覺得超級有趣就會具體記錄節目名稱以及該諧星發言的內容。

平常在看節目的時候，突然覺得「這評語挺厲害」，我也會想辦法記下來。你以為這是勤奮學習？那可就錯了。這是為了在下次見到對方時，能夠具體說出來。

人們在感受到自己被他人關注時，都會覺得特別高興。而且如果對方還能說出「那句話真棒」、「這部分特別有趣」等細節，那就更不用說了。

我也曾聽別人說過幾次這樣的話，覺得「原來真的有人這麼注意我」而感到高興。

所以，對自己重要的人或工作上的夥伴，不妨也坦率告訴對方「我覺得很棒」以增進雙方感情。

這樣除了能跟原本關係不錯的人好上加好，要是能藉此增進職場間的和諧氣氛，就更加理想了。就是出自這樣的想法，我才開始有了記事的習慣。

這也是為了告訴對方「我有在關注你喔」的事前準備。這些記錄下的內容，也可以應用在讚美式說教。

由於平常就有留意周遭人們的優點，並且定時記錄，所以我通常不缺讚美的題材。

對家人也一樣，就算是之後才回想起來，也可以坦率表達自己的讚賞和謝意：「前幾天幫我裝好被套，真是幫了我一個大忙！」、「昨天你都那麼累了，還願意幫我洗碗，謝謝你。」

至於對工作夥伴，可以明確提出重點稱讚對方：「我看到你的推文了，關於那個意見的這些地方，我也深有同感，你真的很勇敢！」

像這樣掌握自己周遭人們的優點，並適時向對方表達自己的關注，就算偶爾遇到「你覺得把這裡改成這樣，會不會比較好」的狀況，由於具有一定的基礎信任感，在勸導對方或給予建議時，溝通上應該也會順暢許多。

06／比起如何規勸，誰來勸才是重點

前陣子，我聽到了一個很有趣的故事。

一家很受歡迎的理髮店老闆告訴我，他過去曾經在一家「將顧客視為上帝接待」的老字號理髮店工作。

如果改變與顧客的相處模式

在那間店，顧客的地位是至高無上的，所以不少客人即使預約了也會無故遲到。此外，店家就算只是犯下一個小錯誤，似乎就得向客人下跪道歉，給人一種工作壓力很大的感覺。

「如果我未來自己開店，絕不會再與顧客建立這種關係」，這位老闆在心裡如此下定決心。

而實際上，在他的新店開張之後，他徹底改變了店家與客人之間的相處模式。

顧客就是顧客，雖然店家會尊重客人，但並不會將客人視為上帝，而是將顧客視作非常親近的朋友或家人，店長和員工都是以這種率直的態度接待客人。

在他的店裡，幾乎沒有顧客在預約後還無故遲到，就算會晚到，客人也會很抱歉的說：「不好意思！」主動打電話通知店家。

此外，如果店家不小心犯了錯，例如，在使用剃刀時，不小心刮傷客人，店家當然會向客人說對不起以表示道歉，但除此之外並不會再過度賠罪，而顧客通常也會回覆「這一點小傷而已，沒關係」。

當我聽了這段故事後，我感覺如何說話很重要，但是，「由誰來說話」卻更加關鍵。如果你和談話對象之間有著良好的關係，任何話語都會很容易傳達。

本章的主題是以犀利的言詞直白指點，但我認為這和上述的故事是同一個道理。做人最基本的禮貌，就是平時要好好打招呼，說話時要看著對方的眼睛。

當發現對方情緒低落時，就適時上前關心：「怎麼了嗎？」如果不從基本功做起，僅依賴技巧也是沒有意義的。

無論是同事、家人還是客戶，你和對方有在心靈和感情上交流嗎？我認為，如果雙方之間有感情上的交流，當你在給予或接收來自對方的意見時，應該都能夠確實傳達到。

我這段話似乎說到精髓了？讀者現在趕快做筆記還來得及喔。

說真話不得罪人的方法

三種巧妙稱讚別人的方法

比起如何發脾氣和指點他人，這本書更將重點放在「如何將負面的言語直白說清楚」。

但是，相較於負面的言語，實際上似乎有很多人更不善於說出正面積極的話。這種人雖然相當擅長責罵，卻不善於稱讚。

我認為其中大多數人通常是自尊心有點高，屬於嚴格管教部下，不驕縱部屬的類型。

所以這些人可能會認為「稱讚別人很不像我會做的事，這太讓人害臊了」；又或者，有些較謙虛的人會覺得「這樣稱讚人，好像會讓別人誤以為我自視甚高」。

然而，每個人都希望在自己付出努力並取得成果，或是在工作上取得巨大的成就時，能夠獲得表揚。

做家事也是同樣的道理，如果沒有人稱讚自己，做家事也只會讓你感到空虛而已。

讚美除了能表達自己的感激之情外，還可以激勵對方。

但是，可能還是有人不善於稱讚他人。

對於這種人，我想介紹三個聰明稱讚別人的方式，這些是我從過去沿用至今，並且覺得很有效的方法。

一、是○○稱讚你，不是我喔！

首先是「不要用自己的名義讚美」。

我並不是那種會讚美別人的性格，我如果突然稱讚某個人，對方可能會覺得我在說場面話⋯⋯。

倘若你是上述類型的人，不妨試試「不親自稱讚他人的讚美方法」。

「你這次工作做得很好。」
「我喜歡你充滿朝氣的問候。」
「你的簡報做得真是太棒了。」

想必你不會用這種方式稱讚部屬吧。
但即使你不親自稱讚，只要跟對方說是「別人說的」就可以了。

「部長說你這次工作做得很好。」
「公司的合作夥伴說喜歡你充滿朝氣的問候。」
「你的簡報結束後，我聽到競爭對手的A公司小聲說這次的簡報也太讚了吧！」

當然，稱讚的內容必須以事實為前提，但在某些情況下，你可以描述得稍微誇張一點。

因為不是從你的立場給予讚美，所以對方不會覺得你在說謊，畢竟你只是作為第三者轉述而已。

如此一來，被表揚的人也更容易表達自己開心和感謝的情緒。

在讚美對方之後，你可以再另外添加自己的話語。

「唉，我都沒辦法像你一樣工作做得這麼仔細。」

「大家都很想效法A先生充滿精神的問候呢。」

「我想拿你做的簡報當作參考的範本了。」

如此一來，聽起來不但不會阿諛奉承，還能讓對方感覺良好。在你和第三者的讚美之下，對方肯定會變得更有動力。

諧星之間也經常會互相稱讚。

其實大家都將彼此視作競爭對手，所以對諧星來說，要對其他諧星抱有「好厲害」或是「也太搞笑了吧」的想法，本來就是一件很痛苦的事。

但正因為我們都是諧星，所以更加明白成功背後需付出的努力，了解對方為了達成目標需要經歷多少困難。

基於相互尊重的心態，所以我們才想要稱讚對方「做得好啊」、「你的表演真是太棒了」。

因為彼此認可，所以我們才能如此坦然接受讚美，並格外感到開心。

我認為，通過互相稱讚的方式，讓我們可以更進一步精進彼此的技巧。

回想起自己作為一名節目編劇時，被前輩讚美的經驗，當自己遇到困難時被別人稱讚，真的會讓我感到特別開心。

當我因想不出一個好的企劃而感到沮喪時，如果有人能對我說「你之前的企劃真有趣」，就能激勵我再次創作出有趣的節目企劃。

所以我認為，率直用自己的話稱讚對方其實是最好的鼓勵。

二、不要馬上，過一陣子再稱讚對方

接著是時差讚美。

不要當下就稱讚對方「做得真棒」或「太厲害了」，而是**等對方快忘記的時候，利用時間差讚美對方「對了，你上次表現得真好」**。

我老公也經常誇獎別人，也許是因為他過去被前輩或其他諧星夥伴稱讚時感到非常開心吧，所以經常會無意識的讚美別人。

在電視上看到對方表現很好，和他一起演出時，覺得對方有什麼很厲害的地方，或是受過對方哪些幫助，即使經過了一段時間，也要盡可能將自己的心情傳達給對方。

大多數時候，被稱讚的人會非常高興，對方會覺得：「這麼久之前的事，你居然還能記得這麼清楚！」

如果在劇場遇到許久不見的諧星朋友或晚輩，我就會說：「我有看前陣子的那個特別節目，你表現得真好，換作是我絕對想不出那句話。」

在當事人都快要忘記時給予他稱讚，會讓對方感到特別開心，心想「原來他有看我上的那個節目啊」，甚至會因此感激覺得「他不但記得我做了什麼，居然還特地來告訴我」。

確切且具體描述了「何時、何地、做了什麼」的讚美內容，隱隱之間會讓對方知道你的稱讚並非奉承的花言巧語，這就是時差讚美的力量。

而要做到時差讚美，記憶力就變得非常重要。

我的記憶力並沒有丈夫那麼好，所以如同我先前所說，我會利用智慧型手機的備忘錄，記錄別人的優點，並盡可能的模仿我丈夫稱讚他人的做法。

如果你養成了上述的記錄習慣，就能更容易實行時差讚美。

同時，我還意識到，如果養成關注他人優點的習慣，能讓自己的心態變得更健康，並讓自己能更自然稱讚別人。

這簡直是好事一籮筐啊。

接下來，我要介紹的是我最喜歡的稱讚方式，它超越了所有讚美詞彙和技巧，我自身也還沒能夠達到這個境界，這個方法就是「用表情讚美」。

三、表情比言語更有效！

我認為用表情讚美是最終極的讚美方式。

例如，在攝影棚錄製節目時，會有一位節目製作人在後方看。製作人是節目中最具有權力的人，但由於多數製作人都比較低調，因此在正式收錄節目時不會笑得太大聲，也不會說「做得好」。

不過，有時在錄製節目時，你會看到製作人在偷笑，或是認同的點頭。雖然聽不到他們的聲音，但你會接收到製作人「做得不錯嘛」、「真是太有趣了」的訊號。

甚至有的製作人會直接擺出一張「讚」的臉，在旁看著。

明明製作人並不知道我有沒有注意到他的表情，但他卻將自己的感情完全表露出來，這樣的表情比任何讚美之詞都更讓我開心。

「啊，我有盡力真是太好了」、「為了讓製作人能再次對我刮目相看，下次我也要繼續努力」。對於這種真正關注我的人，我會給予相對的信賴。

謊言和阿諛奉承做不到這種真正一臉讚賞的表情。

相反的，當你在稱讚某人時，不要只用言語，而是要用真心去讚美對方，這樣才能真正引起對方的共鳴。

如果你不好意思對戀人、家人或同事說「我喜歡你」、「你是最棒的」、「我愛你」，何不試著學習用表情稱讚對方，並實行呢？

與其在臉書上按讚，還不如在現實生活向對方擺出一個讚的表情。

第 4 章

提升好感度的拒絕高招

01 不懂拒絕，你會做到死

雖然不想接受，但又無法拒絕請求；明明提不起勁，但受邀時卻又不好意思婉拒，相信這樣的人應該很多吧。

因為無法說不，所以最後只好勉強參加不想去的聚餐；明明都忙得快昏頭了，卻因為被主管命令，所以只好在原本就很擠的行程中，硬是安插一項艱難的工作。

「這是我在社區裡經常遇到的媽媽朋友推薦的……。」由於無法說不，所以被迫購買了聽說對環境很友善的洗潔精、絕對不會燒焦的魔法鍋、甚至是價格高到嚇人的羽絨被。

不要用奇怪的方法拒絕

不不不，等一下，這種狀況還是要拒絕吧。蓋著貴到嚇死人的羽絨被絕對沒辦法睡個好覺吧。

我認為，人們之所以無法拒絕他人的請求或邀約，是因為害怕拒絕會導致與對方的關係變差。

大家害怕的是拒絕邀約，可能導致自己和公司、鄰居、家人等團體的關係變糟，不想讓別人覺得「哼，這個人怎麼這麼冷淡」，而導致自己被排擠在外。為了避免拒絕對方之後的尷尬情況，讓人們只好勉強答應。

其實仔細想想，不拒絕而勉強答應對方不是更讓人鬱悶嗎？如果逼自己參加不想參加的聚餐，那也不會開心。

在身心俱疲的狀況下，強迫自己做更多工作，只會讓身心累出病來。

也就是說，如果不直接拒絕，反而會讓自己的心情更糟。但不幸的是，這世上總有些心懷不軌的人。

一旦被別人認為是不懂得拒絕的類型，最後你可能會被迫去參加越來越多不想去的聚會，或是接下負擔過重的工作，甚至不得不購買昂貴的羽絨被、奇怪的電位治療器或古怪的花瓶。

因為沒有提出拒絕，所以白白浪費了時間和金錢。這麼一來就正中對方下懷了。

其實多數人在拒絕對方時，都還是希望能與對方保持一定程度的關係，這時候就需要在拒絕的話語中加上一些巧思。

「這次的聚餐我雖然無法參加，但其他的聚會我完全沒問題！」

「如果不是在這段時間，我很願意接下這份工作！」

我想這種情況應該占大多數吧，接下來我將為大家介紹一些能明確拒絕，又不破壞雙方關係的話術。

02／說「不」也能提升好感度的神奇話語

近年來，聽說喜歡喝酒的人越來越少了。特別是年輕一代，不參加飲酒聚餐的傾向好像也跟著逐漸增加。

就我個人而言，這讓我感到有些寂寞。無論是過去或現在，在諧星的圈子中，前輩經常會邀年輕一輩的諧星出去喝酒。

雖然最近可能不太常見，但在我過去還是諧星的時候，即使自己的演出已經結束，很多人還是會留在休息室等前輩的表演結束。

當整場演出結束後，如果前輩問「要一起去吃飯嗎」，大家會毫不猶豫跟著前輩一起去。

任何人被拒絕，都會感到受傷

在聚餐過程中，我能聽到平時沒有機會接觸到的大師級前輩的教誨，或者是請教敬佩的前輩製作段子的訣竅，天南地北的聊著關於漫才的話題。

在聚餐中衍生出來的有趣故事，以及從中得到的建議，一定能在未來的舞臺和電視節目上展現出來。

身為諧星和節目編劇，我切身體悟到，這樣的經驗會化為自己成長的養分。而年輕一輩的諧星們也期待著有朝一日，自己能以前輩的身分邀請晚輩聚一聚。

但是最近，我聽說越來越多人會冷淡拒絕邀約，像是「啊，不好意思，我明天早上有工作」、「我今天還有點事」。

許多人因為太常被拒絕而感到有些受傷，甚至害怕被拒絕而不敢再提出邀約。

我也有被別人禮貌婉拒的經驗，那真的讓人感覺挺寂寞的。

「呃，原來如此，你明天早上有工作啊（不是只有你要早起而已，我明天也要早起工作啊）。」、「你已經排好別的行程了，那好吧（他最近好像很忙，看來這陣子不要邀他比較好）。」

但這並不代表你不能拒絕邀請。如果已經有既定行程，就不用強迫自己調整。既然無法參加，那就要明確告訴對方自己不能參加。

由於我了解被人拒絕的孤獨感，因此，當我在明確拒絕這種「聚餐邀約」和「喝酒邀約」時，如果想與邀請人保持一段良好的關係，我會在拒絕的話語上多花費一些心思，並付諸實行。

不只是聚餐等情況，當你因為某些原因而不得不拒絕邀請時，有一種做法能讓你在不傷害邀請方，又不讓對方感到被孤立的情況下，明確的拒絕邀約，那就是「反過頭來生氣拒絕」。

讓我們來分析一下邀請方的心理吧。

假設你向某人提出「待會要不要一起去吃飯？」或「這個週末有個聚餐，你要去嗎？」

如果對方有其他事情或身體不舒服，那麼被拒絕也沒辦法。但是，既然都開口詢問對方了，身為邀請方還是希望能得到「請務必讓我參加」、「我要去」、「我想參加」等積極的回答吧。

但是，如果收到的是冷淡直白的答覆：「我還有其他事要做⋯⋯。」或「有點不太方便⋯⋯。」

那也太讓人難過了，感覺好孤獨。無論是誰都不喜歡被人拒絕的滋味。

當我冒著被拒絕的風險邀請別人時，如果被果斷回絕，會讓我感到非常尷尬、受傷和孤單。

邀請方的心理，其實就是這麼簡單。

因此最重要的是，在拒絕對方時要明確表現出「我真的很想去」的心情，避免讓對方感到受傷。

例如，在你快要下班時，前輩突然問說：「待會要不要一起去吃飯？」

如果你今天和家人有個重要的約定，那就試著這麼說：

「什麼，真的假的（失望垂下肩膀）為什麼要約今天呢？（有些生氣的大聲說話）我今天有別件事要做所以真的沒有空，下次我一定會參加，到時候一定要再邀我喔！一定喔！」

乾脆拒絕，卻能提升自己的好感度

上一段的語氣可能有些過頭，實際的語氣就交給讀者自己拿捏。但是，即使稍微誇張一點，這種說法也不會讓對方感到不舒服。

「反過頭來生氣的拒絕」這個方法，是心裡明明真的很想去，但對於無法參加的自身立場感到沮喪、糾結和生氣的表現。是一種將複雜的拒絕心理充分表現出來的拒絕方式。

被拒絕的一方反而會覺得：「沒想到你居然這麼想參加，真是個好晚輩！」進而提升對你的好感度。

讀者必須了解，該方法最重要的並非拒絕的理由。

無論拒絕的原因是「和老公有約會」或「和小孩有約定」都無所謂，你甚至可以不將理由告訴對方。

相反的，**最關鍵的是**「我真的很想去」的這份心情，即使是謊言，也要確實帶點誇張的情緒表現出來。如果你不是在說謊，更要把想去的心情完全傳達給對方。

對方冒著被拒絕的風險，鼓足勇氣邀請你。身為成年人，我認為必須要尊重這份心意，在拒絕邀約時另加巧思，避免傷害到對方。

然而，反過頭來生氣的拒絕方式有一項弱點。

如果每次都這麼做，極有可能會讓人覺得「你其實只是不想去吧」。

或著，當被追問「下次可以約什麼時候」時，因為無法再拒絕，所以只好答應對方，這個方法多少還是存在一些風險問題。

03／透過郵件拒絕時，使用較為口語的字句

要拒絕工作上的委託，絕對不是一件容易事。

身為節目編劇、諧星、演員、偶像等娛樂圈的追夢人，工作其實很不穩定，因為「不知道明天會發生什麼事」。

基於這個原因，當我們收到工作邀約時，很多人會害怕如果拒絕了這份工作，無論出於什麼理由，可能就不會再有下一次機會了。

避免使用否定句

在我拒絕了這份工作之後，如果委託方找到了一個工作執行力很好的人，下一次對方可能就不會找我，而是會繼續委託那個人。

此外，對方會指名我，就代表他們對我有所期待，或是覺得可以信任我的工作表現，因此我非常重視委託方對於我的這份信賴。

所以，除非是真的沒辦法，否則現實上和心理上，我都盡量不想拒絕工作上的委託。

但是，難免還是會遇到「別無選擇，只能拒絕」的時候。行程總會有喬不攏的時候。

例如：「在非洲草原上和一群大象一起生活一個月的節目企劃。」這個不拒絕不行吧！我還有家庭要養耶。

或是要求：「你可以大口大口嚼昆蟲嗎？」抱歉，昆蟲真的沒辦法，請讓我拒絕這份工作。

偶爾還會有這種委託：「野野村小姐，可以讓節目拍攝妳平常責罵廢物丈夫時的樣子嗎？」不是啦，我平常罵的是我老公的搭檔，我家老公人品好到幾乎沒有讓人可以生氣的地方，不要把他和他的搭檔混為一談！我絕不會接下這種工作，但還是會向對方吐槽，我平常教訓的是我丈夫的搭檔。

當實際要拒絕對方時，我不會立刻回覆「我辦不到」，或是「我不喜歡昆蟲」這樣果斷的答案。

在說不之前，我會先向對方表示「這可能有點困難，請讓我考慮一下」，之後再婉拒對方「不好意思，這對我來說可能太困難了」、「我怕自己的行程安排會給你們帶來困擾」。

這裡的**關鍵是，要表明因為自己的原因所以無法答應對方，因為自己的行程無法配合對方或因為自己做不到。**

如果只是直白的說「我沒辦法答應」，可能會讓對方覺得你否認了該項企劃或委託的內容。

這種時候，我認為將原因歸咎於自己做不到，強調原因出在自己是最好的做法，平時我自己也是使用這種方式。

遇到這種情況，讀者還可以嘗試脫離制式文體。

在婉拒工作時，另外加上口語化的句子：「如果我的行程有空檔，我真的很想接下這份工作。」或「真可惜，我一直很想和這個人合作看看！」

在大多數情況下，工作委託都是透過由郵件聯絡。既然是商務郵件，文體自然會比較制式。

因此，我們在寫拒絕的郵件時，自然也會使用制式的語氣。

例如：「您好，非常感謝您此次的邀約。但很遺憾，由於這段時間還安排了別的錄影行程，因此……。」這樣回覆當然沒問題。

但是，如果你在拒絕工作之餘，還另外加上：「**下次如果還有類似的企劃，請務必讓我參加！**」將自己積極的心情率直寫進郵件，即使同樣是拒絕工作邀約的郵件，卻可能創造新的契機。

除了在一開始使用制式化的句子：「您好，非常感謝您此次的邀約。但很遺憾，由於這段時間還安排了別的錄影行程，因此……。」禮貌拒絕對方之外，請試著在商務郵件中，另外加入率直的口語句子：「我真的很想接下這份工作！如果下次還有機會，請務必與我聯繫！」

甚至可以直接說：「啊！不能接下這份工作真是太可惜了！」

在禮貌拒絕對方的同時，營造不小心說出真心話的感覺，將自己真實的心情寫進郵件。

如此一來，當收信人看到制式郵件中包含的口語句子時，可能就會覺得「喔，原來他這麼想接下這份工作啊，那下次再找他吧」。也許還能藉此加深對方對你的印象。

在工作上適當表達你自己的真實感受並不是一件壞事，但還是要避免使用過於直率的詞彙，謹慎選擇符合自己立場的用語。

使用過多的敬語，會增加不必要的距離感

這個道理不僅適用於制式化的郵件，還可以用在面談或是講電話上。文章中除了禮貌回絕對方的句子，還能加上「我真的好想接下這份工作！」、「真是太可惜了！」將自己率直的心情化為語句傳達。

但切記不要做得太誇張，只需要點到為止即可。

這個方法可說是先前提過的「反過頭來生氣拒絕」的柔和版本。

其實仔細想想，敬語是一種與他人保持距離的語言。「身為晚輩的我，不能與您如此親近」。表達這種心情的敬語一般是用於上級或應該尊敬的對象，但反過來說，敬語也可說是無法與人拉近距離的語言。

擺脫制式文章是拉近雙方距離的第一步。

面對本應該使用敬語的對象，如果使用「哇！」或是「好可惜啊！」這種並非敬語的情感用語，反而可以拉近雙方的距離。

在某些情況下，適度的坦率可以增加別人對你的好感。

經常讓人覺得你很冷漠，或是過度禮貌而導致與人疏離的讀者，請務必嘗試看看。

在不失禮的前提下拒絕對方，並表現出自己坦率的情感，如此一來，便能在婉拒對方的同時拉近雙方距離。雖然拒絕了對方，但就結果來說，這可能是一口氣縮短雙方距離的機會。

04 讓這件事變成你們的共同決定

我想有很多人不善於說不，但與其說是不擅長拒絕別人，不如說是不擅長在他人一再拜託時婉拒對方。

例如，當你工作非常忙碌時，還被要求去做另一件工作。儘管你表示「這有些困難」，明確拒絕對方，但對方卻說：「不不不！哎呀，你一定可以的！」強勢步步逼近。導致最後你只好勉強接受，說著「那好吧」，硬接下別人塞給你工作。

如果你是這種類型的人，何不試試看「不明確拒絕對方」的方法呢？接下來我將介紹如同魔法般的拒絕方式，那就是「拒絕協商」法：

不用拒絕，只需與對方協商

協商非常重要。

以我來說，即使是一件我自己就能決定的小事，只要是與家裡有關我都會盡量和丈夫商量。

「你想要選什麼顏色的面紙盒？」

「你今天午餐想吃什麼？」

「你下次想要去哪裡旅行？」

我丈夫的回答大多是「隨便，都可以啊」、「選什麼我都沒差」。

然而，其實我早就決定好要買白色的面紙盒、中午吃義大利麵、家族旅行絕對要去沖繩，因此最後往往會採用我的意見。

如果你心想，既然都已經決定好了那就不用討論啦！那就大錯特錯了。

即使你已經自己做出了決定，但「和對方商量過」的事實依然非常重要。只要經過雙方商量，自己一開始決定的答案，就會重生為「兩個人所做的決定」。

許多妻子可能習慣未經商量就自行決定一切。但是，比起自己做所有的決定，如果大部分事情都由兩個人一起決定，你不覺得這樣的生活，會讓人感到更舒服嗎？

我時時刻刻都希望能尊重丈夫。即使經過了幾十年，我依然希望丈夫眼中的我是個惹人愛的妻子，因此我凡事都會徵詢丈夫的意見。

但是，如果老公說想要黑色的面紙盒、中午想吃咖哩或想去北海道旅行的話要怎麼辦呢？

那我會說「喔！那也不錯啊」，然後誘導般的跟丈夫表示「啊，黑色面紙盒好像賣完了」、「家裡沒有咖哩塊了」、「這個時期去沖繩比較便宜，孩子也能玩得比較開心」，總之，最後還是會按照我的計畫，買白色面紙盒、午餐吃義大利麵，然後去沖繩旅行。

當然！我偶爾還是會接受丈夫的意見。但由於我老公經常說「我都可以」，因此我會盡量兩個人一起做決定。

規則和時程表不也是如此嗎？**人們對於別人擅自決定事情會心生不滿，但會好好遵守共同決定的事。**

與他人商量事情能夠增加夥伴意識，可說是一種共犯關係。換句話說，哪怕只是形式上和別人商量，你的意見也會變得更容易被採納。

讓對方主動打退堂鼓

在拒絕他人時使用這一招相當管用。

假設主管對你說：「在明天之前整理好這份資料！」硬把工作塞給你。雖然不是完全沒空，但你真的沒有足夠時間去完成這份工作。你很想要拒絕，但面對主管一再拜託，卻無法說不。

在這種情況下，與其說「我不想做」或「我做不到」不如嘗試這麼說：

「抱歉，我想和您商量一下……。」

沒有人喜歡被別人拒絕。但是，當部屬向自己請教問題時，卻有不少人會因此感到高興。主管多半會說「怎麼了」，並傾聽部屬的問題。

這時候就要用拒絕協商法這一招了。

「其實，我現在正在處理部長交代的另一份工作資料，真的是非常忙碌。我雖然很想幫課長處理文件，但以我的力量實在無法在明天之前完成，我沒辦法接下這份工作，請問我該怎麼做呢？」

這樣看似是協商的形式。但如果仔細聆聽，你會發現這位部屬其實有明確拒絕課長。而被徵詢意見的主管，只能自然被迫思考解決方案。

「嗯……如果期限延到後天你做得到嗎？」

「好吧，那也沒辦法，我去拜託別人吧。」

不知不覺間，主管不會站在你的敵對方，而是會變成你的盟友，幫你想辦法，或是委託工作給別人。

當你找對方商量時，雙方就會成為「共犯」。

這是借勁使力的拒絕方式，與其說「我做不到」，不如讓對方說出「我覺得你沒辦法」。

當遇到別人一再拜託，不好意思拒絕時，就試著利用對方的力量來化解危機吧。

05／把「不」留到真正需要的時候再用

假設你坐在電車上，到達某一站時，有一位老太太揹著一件大行李上車，並走到你的座位面前。

你心想「她看起來好像很累」。因此，你迅速從座位上站起來，笑著向老太太說：「請坐吧。」

「不用客氣，請坐吧。」

「沒關係，妳坐就好了。」

「不不，不要這麼客氣啦。」

「我不用坐沒關係。」

「我就說我不用了！」（有些生氣的語氣）

「這樣啊……。」

現場一片靜默。

最後，空著的座位還被不相干的阿伯坐走了。

咦，這是怎樣？阿伯，你在幹嘛啦？唉，但阿伯也不是故意的。

你讓出座位是出自善意。拒絕坐下的老太太也沒錯。老太太不肯坐下，一定有她的苦衷。

我想可能她一旦坐下來，屁股就會爆炸吧。唉，我想，其實誰都沒有錯。但是，當下的氣氛實在是糟透了。

拒絕，也可能意味著失去機會

這是我最近遇到的情況，相信讀者們過去也有類似的經驗吧？

當你拒絕別人的邀請時，意味著你可能隱約傷害到對方的心。儘管你並非有意為之，誰都沒有錯，但這樣不幸的小事件卻可能發生。

如果你設身處地為邀請方或被拒絕的人著想，很多時候你應該會覺得：「啊，也許我不應該這麼輕易拒絕這個人。」

遇到有一點困難的邀請或委託時，即使答應對方會增加自己一些負擔，也可以試著欣然接受對方的邀約。

如此一來，當日後遇到真正需要拒絕對方的狀況時，例如時間上無法配合、身體不舒服、涉及不可原諒的行為等情況，便能明確拒絕對方。

如果你接受過一次對方的委託，下次在拒絕對方時將更具有說服力，像是：「這次的行程真的無法配合。」、「上次我雖然有提供協助，但我發覺自己果然不適合做這份工作……。」

看似無聊的飲酒聚會、感覺很艱難的工作、和一位你不喜歡的主管共進午餐……你想要拒絕上述的邀約，但當你實際赴約或接下工作後，你或許能從中吸取新的經驗，並重新了解為什麼參加聚會讓你感到無聊、為什麼這份工作對你而言很困難、為什麼不喜歡你的主管。

你也可能會對某些事物有所改觀，「喔，其實這個聚會還挺有趣的嘛」、「原來做這份工作可以提升自己的能力」、「主管其實人還不錯」。

在你意想不到的地方，你可能會發掘到更好的工作方式、找到與你興趣相投的朋友、得到你一直想知道的情報，甚至找到一個終生的伴侶或友人。

拒絕對方意味著你可能失去這些機會。你當然可以說不。

但是，在拒絕他人的同時，我們偶爾也要考慮到對方的感受，對方可能因為你的拒絕而感到受傷，你也可能因此失去一些改觀的機會。

我認為，當別人提出困難的請求時，偶爾可以試著答應對方，不要完全排斥自己不擅長的領域，抱持著這樣的心態，可能會讓自己更快樂。

第5章

「拜託別人」，很多人就是開不了口

01／人是一種受到他人依賴，會感到喜悅的動物

有人不擅長拒絕，而有人不擅長求助。

我在想，是不是因為日本人從小就被灌輸「不能給別人添麻煩」這個想法的緣故？導致我們不擅長求助於他人。

我並不是指「盡量不要給別人添麻煩」這個觀念不好。不過，人的一生不正是依賴他人以及被他人依賴而活嗎？

然而，隨著社會變遷，人們的關係變得越來越疏離、冷漠。

拜託他人幫忙，就是個厚臉皮的人？

過去那種鄰里間的人們都互相認識、和平純樸的社會，現今已經鮮少見

到了。

現代人們無論是居住在公寓還是獨棟房子，多半不清楚左鄰右舍的家庭情況。甚至擔心惹禍上身，乾脆視而不見的人們也占絕大多數。

舉凡越來越多的大人會對著在公園、幼兒園玩耍的孩子們抱怨「吵死人了」；就連成年人只是向迷路的孩子搭話，也會被誤認為可疑人士；即便是在職場上，公司聚餐、尾牙春酒漸漸變成人人避之唯恐不及的活動，組織成員不像一個團隊。所有的一切都是自我責任跟個人自由。

「總覺得要拜託別人是很難以啟齒的……。」

「拜託別人做事的話，人家會覺得我臉皮很厚吧。」

也許是因為這種風氣，導致許多人對旁人過度防備。

所以在這邊我要呼籲大家。沒事的，不用擔心厚臉皮的問題！不要客氣，盡量依靠他人吧！

為什麼？讓我們來好好思考一下。為他人所求，並為他人所依賴，這是一件令人感到開心的事情。

比方說，我會記下平時承蒙關照的工作夥伴、朋友的生日，在生日當天發送「祝你生日快樂！」的郵件、訊息，或是在購物時，買下「這個感覺他會喜歡」的東西當作小禮物送給對方。

當我為他人付出時，除了強烈希望對方開心以外，同時自己也會感到高興、愉悅。人啊，其實比起接受他人給予，也許更喜歡主動付出。

與其被別人施捨什麼，不如讓別人對我所做的事情感到滿意，更會令人心情舒暢。我想這是因為當有人依靠你的時候，可以感受到自己的存在價值、滿足被他人認可的欲望。

反過來說，依靠他人也不全是造成麻煩吧。在某些情況下，甚至可以說是「討人喜歡」的。

本來我們就是靠互相扶持來生活的，所以我覺得依靠他人、被他人依靠，才能活得更健康、更自在。

依靠他人是被允許的。所以讓我們從觀念開始改變吧。不厭其煩的拜託、依賴他人吧！

只不過，在拜託他人時，請避免提出讓人覺得「真的超級麻煩」、「那是啥好可怕」、「我才不想買羽絨被」等，強人所難的請求。

並考量如何讓對方以「小事一樁，交給我吧！」、「我隨時都可以幫忙喔！」的積極態度，微笑著接受請求。

02／拜託他人的正確時機

據說，當一個人總是猶豫不決、不敢開口求助的時候，是因為覺得：

「我可不想在拜託對方之後，看見他露出困擾的表情。」

「我無法忍受對方表現出一臉『麻煩死了』的樣子。」

原來如此，但是，我認為不善於提出請求的人，通常還有一個共同點。

那就是，在檢討求助內容之前，應該先思考求助的時機點是不是不太恰當？

像我家還在上小學的女兒，她在拜託對方的時機上，總是選得「恰到好處」。這裡不是說她總是能選到絕妙的好時機來拜託別人，事實恰恰相反！

大多是會讓人覺得「現在嗎？」、「妳說什麼？」、「妳現在要拜託我？」的時候。

拜託他人做事等於剝奪對方時間？

例如我在準備晚餐的時候，會一邊讓孩子們先用餐，一邊稍微整理一下廚房。終於可以坐下後，才剛說完「我要開動了」，當我正要舉起筷子的瞬間，她突然說：「媽媽，我還要再喝一杯水！」

挑這個時候說？明明我人剛才還在廚房裡啊……至少讓我吃一口飯吧。

或是在早上一團混亂的時刻，做完早餐之後，還要準備午餐、洗衣服和收拾餐具時，跟我說：「媽媽，今天美術課要用到衛生紙的捲筒。」

為什麼現在才說？老師一定早就交代了吧。

不管妳是要衛生紙的捲筒、還是保鮮膜的捲筒，這樣突然跟我要，我也沒辦法馬上生給妳呀。至少昨晚先跟我說一聲吧！

還有我在浴室洗頭的時候，她會突然打開門，指著遊戲畫面說：「媽媽，妳看！是稀有道具耶！」

我懂妳很想昭告天下的心情，不過，絕對不是現在吧……。媽媽我現在睜不開眼睛啊。待會兒我會好好欣賞的。然後，媽媽現在真的很冷，趕緊把門關上吧。

甚至在我剛起床還睡眼惺忪時，突然要求我：「媽媽，畫動漫《鬼滅之刃》的角色炭治郎跟禰豆子給我！」

什麼？誰跟誰？等我仔細研究過再畫給妳，可以嗎？

她還曾經在人滿為患的超市購物時，要求我在眾目睽睽之下，模仿電視動畫《阿松》中的登場人物——大板牙的招牌動作。

唉，雖然這就是教養孩子的日常，但實在是太不會挑時機了。

隨著她的成長，才開始慢慢教她，在呼喊媽媽之前，先觀察一下媽媽正在做什麼。雖然嘴上說著「我知道了」，卻還是依然故我，對著媽媽奪命連環call就是了。

就連這樣的她，也隨著年齡的增長，不再整天胡亂的喊，而是會先觀察我的狀態，再來拜託我事情。

可是當被呼喚的次數減少後，又覺得有點寂寞……當還是個孩子的時候，要求他們體諒周遭的事情，實在有點強人所難。但是，身為一個成熟的大人，可就不能如此了。

「欸！我問你……」、「那個其實……」你是否也曾經有過，不顧對方手頭上在忙什麼，硬是請對方幫忙的時候？你是否有過貪圖自己一時方便，不管時間場合，直接拜託對方事情呢？

只因他是我的主管、我的前輩、我的父母、我的老師又或者是我的部屬、我的晚輩、我的同期等，就認為應該沒關係吧？

有一句諺語叫做「時間就是金錢」，但是我認為事情沒那麼簡單。

每個人所擁有的時間=其所擁有的生命。

我說白一點吧。這世上肯定有些人錢財多到能夠呼風喚雨，更不用說坐擁無窮盡財富的大富豪。

但是，時間就不一樣了。無論是誰，一天都只有二十四小時，一年只有三百六十五天。況且也沒有人能夠活到八百歲或是九百歲。

時間對每個人來說，都是同樣有限的。要對方將如此珍貴的時間，分配給你的這個行為，就是所謂的「請求對方幫忙」。

「哇！這樣不就更難開口拜託人家了！」並不是要你產生這種想法，而是希望你能稍微意識到自己占用了他人寶貴的時間。光是有這樣的自覺，結果便會截然不同。

所以，在拜託對方之前，請先觀察對方。他看起來是不是很忙呢？是不是正專心在做什麼事？或者，在拜託之前，先試著問問對方有沒有時間吧。

「我有件事想請你幫忙，可以借我十分鐘左右的時間嗎？」

「請問你現在有沒有空呢？」

因應不同場合，僅僅是一句話，就能起到不同效果。

當你在拜託部屬、晚輩和處於平等地位的人時，請不要用「這些趕緊在今天之內完成吧」這種命令式的語氣，而是用「這些部分明天有辦法完成嗎」的語調適度調整說話的技巧，是很重要的。

比起將工作硬塞給對方、還一副理所當然的樣子，一般人會比較願意協助為自己處境著想的人的要求。我想，大家應該都同意這個觀點吧。

懂得依靠他人是好事，但與此同時，也要意識到自己是在消耗對方寶貴的生命。所以，至少在拜託他人時，要注意時間點是否恰當。還請將這點銘記於心。

03 分批委託，有效減輕對方的負擔

我想應該有不少人比起拜託他人，更不擅長下達工作指示。

像是明明指示部屬工作內容了，但他們卻沒有按照你的期望去做。或者拜託晚輩做事，但不知為何，總是達不到你要的成效。

會不會是因為拜託的工作量超出負荷了？也許你下達的工作量，對他們來說過於沉重了。

讓對方自然說出「我想做」的小技巧

像我在請孩子們幫忙做家事時，會特別「分批」家務量。

例如，當我拜託他們幫忙摺衣服的時候，是希望將一家四口的衣物都整齊摺好。我相信已經是國中、小學高年級的女兒們，能夠做好這點小事。

雖是這麼想，但如果一開始就說：「幫我把全家人的衣服都摺好！」可想而知我們家老么一定會馬上反彈：「摺不完啦，太多了！」

確實，看在小學生的眼裡，全家人的衣服堆在一起，那數量多到簡直像座小山。

所以，在拜託的時候，就將分量分小批一點吧。

「洗好的衣服有這麼多，摺起來真的很費勁。如果你能摺好自己的衣服，那就幫了我大忙了，可以拜託你嗎？」

像這樣暗示能不能只幫我解決這部分呢？如此一來，小孩子肯定會很樂意回答：「嗯，好啊。交給我吧！」

假如要連同我的裙子、針織衫，還有爸爸的長褲、內衣和襯衫，甚至姊姊的運動衫到她自己的洋裝，全都要一起摺完，那簡直看不見盡頭了。

不過，如果在那堆衣服中，拿出只有她的衣服，就能讓小孩子覺得看起來非常少。他們自然會認為，如果是這種分量的話，應該不用五分鐘就可以結束了。

和全部的分量相比要輕鬆許多，從而減輕心理負擔，激發對方的幹勁，就會不自覺有做下去的念頭。

其實，這個方法中有個重點。

就是不要把事情一股腦推給對方，重點在於讓對方回答「沒問題」這句話。讓他在說「ＯＫ」的同時，從心底自然湧現責任感，並且願意堅持到最後。用現在的諺語來說，就是「一言既出，駟馬難追」的概念。

這就是將事情分批拜託別人的效果。這個小技巧可以用在任何工作上，甚至連大人也適用。

尤其是拜託資歷尚淺、年輕的部屬或晚輩時，說不定分批拜託才是最合適的。

例如，不是用一句「做一份完整的企劃書過來」就結束，而是用分批的方式委託：「如果你有好點子，用條列的方式書寫也無妨，先交給我吧。」

那麼對方應該會幹勁十足的說：「小事一樁，完全沒問題！」

並且根據對方提出的想法回應：「寫得不錯，那要不要試試再充實點內容呢？」也能用「要不要試著將文章彙整一下？」、「將它整理成PPT呢？」這種方式，慢慢追加少量的工作。

最後，就能漂亮的完成一開始想要拜託對方的工作了。

我家的孩子也是，剛開始只會摺自己的衣服，不過我就用堆雪人的方式一點一滴的拜託她。

「那，姊姊的衣服也可以一起摺嗎？」、「摺得真棒！爸爸的衣服也拜託妳了！」到後來，有時連全家人的份都一起幫忙摺好了。

但是如果過度使喚小孩子的話，有時候也會不小心露餡，他們會覺得：「嗯？好像在不知不覺中，被塞了一堆事情。」

工作也好，家務也好，如果能以這樣的方式完成工作的話，肯定會使對方的信心倍增。

下次再拜託對方時，便可以逐量增加工作量。我相信他們會很積極的說：「好，現在就來挑戰看看吧。」

04 別再問：「明天你有空嗎？」

有些人為了不要成為對方的負擔，或是為了被拒絕時也不會受到傷害，便用似是而非、模糊其詞、曖昧不清的方式拜託他人。

「你下週能抽出一點時間嗎？」
「明天你有空嗎？」

他們會用類似這種邀約的語句。

雖然我能理解邀約者的感受，但這種問話方式真的不太行。

換作是我被這樣問的話，我會覺得：「雖然下週沒有空餘的時間，但視工作內容，確實還可以調整一下時間啦。不過在那之前，可以先說清楚到底有什麼事嗎？」

因為，如先回覆「我有空」的話，很可能會被迫做自己不想做的事。被詢問的那方，為了避免發生這樣的情況，會根據內容來決定如何回答。

所以，當你在邀請對方的時候，記得確實傳達何時、對象、做什麼、需要多少時間、想怎麼做之類的訊息。

畢竟用語帶保留的方式邀約人家，久而久之，可能會讓其他人對你敬而遠之。

「明天你要很早出門嗎？」不OK

那麼，究竟是怎樣的拜託方法會讓人感到開心呢？那就是充分考慮對方的狀況。

例如以下情況：

「其實我下週想要邀請您出一個外景。」

「您現在應該有不少工作纏身，照顧小孩也很辛苦，能先告訴我您什麼時候方便呢？」

若被這樣詢問的話，我肯定會回答：「好的。我會想辦法空出時間的！」光是會事先確認對方行程的這個動作，就能感受到十足的誠意。甚至能想像可以跟如此細心體貼的人一起工作的話，肯定會很順利。

反過來說，這也代表受邀者連這些小細節都不會忽略。

另外，以下這種問法不僅對於工作上的委託，還是先前所舉的例子（絕大多數年輕人的噩夢——跟前輩一起共餐或是聚餐），都盡量不要使用會比較好。

「我說你呀，明天要很早出門嗎？」

在工作告一段落後，往往會冒出「好想去吃頓飯」這種念頭。

首先，我非常明白「真想知道對方接下來的行程，再邀請他」的心情。但是，如果開門見山直接邀請對方「今天可以一起吃飯嗎」，對方卻毫不留情拒絕的話，總是會令人感到受傷。

倒不如讓對方以婉轉的理由：「明天要很早出門，可能沒有辦法。」來回絕我的邀請，也好過他直接拒絕我「要不要一起吃頓飯」的邀約，所受到的挫折感還比較小。

只要說：「這樣啊！沒有啦，我只是想問問看，你明天是不是要很早出門而已！」就能給自己找臺階下。

然而，換個角度來看，這對對方來說，卻是不公平的。

試想如果有人問你「待會兒你有空嗎」或「明天你要很早出門嗎」，雖然他沒有直接邀你，但其實多少猜得到吧？肯定會被嗅出「啊，這絕對是要邀我去吃飯吧」的蛛絲馬跡。

不用說，基本上事情已經敗露了。這問法在我看來，對雙方都不利。雖然邀請者只是因為不想受傷才委婉詢問，但聽在受邀者的耳裡，反而會有些警惕。

即使受邀者本身沒有任何安排、想說去去也無妨，但在沒有足夠的資訊之下，可能會產生一些不必要的疑慮。

例如：也許會被前輩教訓；也許會有我不喜歡的人；倘若他們拜託我處理棘手的事件，該如何是好。

那麼，還不如直接問：「明天你要很早出門嗎？要不要一起吃頓飯？」

以我自己為例，通常被問到「明天你要很早出門嗎？要不要一起吃頓飯」的話，我會二話不說的回答：「沒問題，我要去！」

但是如果無法預料答應之後會發生什麼事的話，就會回答：「明天的確是要很早出門，怎麼了？」或「我不確定要不要提早出門欸……。」這種含糊不清的答案。

因為我們總是預先替自己留下退路，以便隨時可以撤退。

當你這樣回答，邀請者便會開始胡思亂想：「這種曖昧不清的回答是怎樣？他是不想去，但難以啟齒嗎？」

如此一來，就會導致毫無意義的互相試探，最終可能演變成明明雙方都想去吃飯，卻無法去的餘地。

為了避免不必要的試探和麻煩，在邀請對方時，請務必在「要很早出門嗎」的問題後面加上正事。

儘管如此，你還是很討厭正面迎擊的話，至少試試看以下方法，可以緩和被婉拒時的打擊程度。

「我現在要去之前聚餐的餐廳，你要不要一起去？」

這樣聽來，就好像「我本來就打算去餐廳，如果你方便的話，要不要一起來？」只是順道邀請對方而已。

即使被拒絕了，也只需完成原本的計畫即可。要不然，再補一句：

「喔，那好吧！我先走了！」便可轉身爽快離去，就不會丟臉了！

反之，如果有人問你「明天你要很早出門嗎」，我們又該如何應對呢？

「滿早的耶，我得五點起床，要去大阪。」

這樣說的話，對方就會回：「這麼早啊……真是辛苦你了。」以結束這個話題吧。

或者說「也沒有很早，大約十點要去調布市（按：日本東京都多摩地區東部行政區）。」

對方可能會回：「這樣啊，那可以慢慢準備，不用急，辛苦你了。」

說穿了，以這種方式邀約的人，多半會認為「畢竟問得太突然了，被拒絕也是沒辦法的事」。因此，如果想婉拒對方的話，直接回答「明天要很早出門」，就可以讓對方認為那也沒辦法。

此外，如果你覺得「不過只是吃頓飯嘛，去去也無妨」或是「我想去」的話，可以這樣回答：

「我明天不用很早出門喔。前輩也是嗎？要一起去吃飯嗎？」

我會說：「這就是我要的正確答案！」一百分！

前輩心裡想邀你，但又不想受傷，所以不能從正面發出邀請。這時晚輩進而體諒前輩的心情，反而由晚輩來邀請，這不正是一百分的回答嗎？

下次，如果換我問你「對了，明天你要很早出門嗎？」的時候，我期待你也能夠這樣回答喔。

05 開門見山直接說

到目前為止，我已經列舉了各種拜託方式。但我認為最終手段，還是「直截了當」拜託對方幫你的忙。

雖說如此，但你也不能因此把工作或自己不拿手的事情推給別人。

只不過，還有一點要注意的是，當你想要請求對方的幫忙，或是為了孩子及部屬的成長時，比起笨拙說出「我希望你能積累經驗」這類不帶感情的表達方式，倒不如以溫暖且不加修飾的語言拜託對方，更能打動人心。

「抱歉，雖然我已經盡力做到這邊了，但是想要你幫我一下！」

「我知道你很忙，但是能幫幫我嗎？」

「這也許有點棘手，但我認為如果這樣做的話，可以讓你更加成長。我當初也是這樣過來的。我會盡力輔助你的，你就試試看吧！」

像這樣，坦率傳達自己的想法和願望的話，更容易打動人心。

並且，當你聽取對方的請求之後，成為被委託的一方時，請盡可能笑著答應「可以喔」、「交給我吧」、「一點也沒問題」。

不論是主管及部屬、同事、朋友、夫妻或是家庭，這是一個需要互相扶持、互相照應的社會。

支撐著這個社會的是人們彼此的相互體諒和心懷感恩。如果我們每個人都具備關懷他人、寬恕他人的溫柔，以及能夠坦率表達感謝的心，我想每個人一定都能過上更輕鬆、更舒適的生活。

後記
要說，還是不說？要忍，還是不忍？

在前言中也有提到過，本書是以語錄的方式呈現。

我在寫這本書時，正於咖啡廳喝著綜合果汁，回首自己的人生歷程，跟編輯聊了好多以前的事。因為完全不同於以往自己寫書的經驗，很難想像到底會呈現什麼樣的內容，以及自己的這些話，是否真能幫助到某些人。

老實說，一開始真的還滿擔心的，但閱讀過完成的作品之後，我也嚇了一大跳！這超級實用的啊！真是一本好書！

眼神總是很溫和的寫手、總是滿臉笑容的編輯，雖然人好到讓我有些擔心，但真不愧是他們！

包括我想說的話、特別重視的部分，都已經完美的統整，編寫成一本屬於我的書。

在閱讀過程中，我也會發現一些想自己多寫幾句，或是想要補充的地方，有許多部分，編輯也順從了我的任性，進行了大幅度的修改。

這些過程，也都讓這本書更貼近我的風格。

要說，還是不說？要忍耐，還是不忍耐？這類問題，或許每個人都曾經遇過。

不想被討厭、不想讓氣氛變差、不想被當成是個麻煩又奇特的傢伙。所以，雖然真的很想說出口，最後還是選擇忍耐。假如這麼做，能夠過得比較輕鬆，那或許也是好事一件。

但人活在這世上，總會遇上不得不發脾氣、不得不出言規勸、不得不拒絕、不得不拜託別人的時候。

這些時候，你都可以稍微回想一下這本書中提到的方法。很多時候，不是只有直話直說，才能確實傳達自己的感受。

把生氣轉變成規勸、拒絕轉變成商量，或是將有些尖銳的語詞，像三明治那樣夾在柔和的話語中間，還有將想嘮叨的說教內容，改成有些開玩笑口氣的簡短幾個字，這些做法都能夠有效改變傳達的方式。

最不該遺忘的是，無論在哪個場合，都必須重視人與人之間談話及感受的交流。

除了自己單方面的感受，也不能忽略了對方的心情。

無論是與部屬之間，或是和丈夫、孩子、朋友或家人之間，這一點都是不會變的。

說真話的目的不是為了讓對方感到受傷，而是為了取得理解，締造更良好的關係。畢竟當雙方都太過客氣，有時容易產生距離感，也比較容易發生難以互相理解的狀況。

本書中所提到的，是否真的是討人喜歡的傳達方式？這個問題，連我也不知道真正的解答。但，在思考回顧人生時，我也發現了一件事。

那就是在每天跟許多人打交道的過程中，我也實際體認到「如何將訊息傳達給他人」，確實是人生中一個極大的難題。

像在漫才和企劃會議上提出有趣的點子；在談話性節目上率直表達自己的意見；拍攝外景節目時，道盡食物的美味；在綜藝節目上發洩對小堀的憤怒；向老公和家人們表達心願及感謝；教導孩子們人生中最重要的事物。

日復一日，我也曾對失敗的傳達方式感到挫折，或是在逐步改進之下，保守的前進或後退。

我一直思考著，如何才能最順利傳達自己的想法和感受，盡可能避免讓對方感到厭惡，並為此琢磨了數十年。

感覺最後還是牽扯到「不容易被別人討厭，好感度高」這點。

為此，我期許自己一路走來鑽研出的這些套路，能在某天為他人提供一些貢獻。倘若真有這樣的榮幸，那也能為我這必須各方奔走，不能說是過得太平穩的人生，賦予了一項極大的意義吧。

國家圖書館出版品預行編目（CIP）資料

說真話不得罪人的方法：拜託他人、要求、勸導、拒絕、反對……
日本藝能講師教你如何正確回話，不惹人厭，還讓對方心甘情願。
／野野村友紀子著；林佑純譯.
-- 初版. -- 臺北市：大是文化有限公司，2021.09
208面；14.8×21公分. --（Think；218）
譯自：ハッキリものを言って嫌われる人、好かれる人の伝え方
ISBN 978-986-0742-04-6（平裝）

1. 說話藝術 2. 溝通技巧

192.32 110006225

Think 218
說真話不得罪人的方法
拜託他人、要求、勸導、拒絕、反對……日本藝能講師教你如何正確回話，不惹人厭，還讓對方心甘情願。

作　　者／野野村友紀子
譯　　者／林佑純
責任編輯／江育瑄
校對編輯／林盈廷
美術編輯／林彥君
副 主 編／馬祥芬
副總編輯／顏惠君
總 編 輯／吳依瑋
發 行 人／徐仲秋
會　　計／許鳳雪
版權專員／劉宗德
版權經理／郝麗珍
行銷企劃／徐千晴
業務助理／李秀蕙
業務專員／馬絮盈、留婉茹
業務經理／林裕安
總 經 理／陳絜吾

出 版 者／大是文化有限公司
臺北市 100 衡陽路 7 號 8 樓
編輯部電話：（02）2375-7911
購書相關資訊請洽：（02）2375-7911 分機122
24小時讀者服務傳真：（02）2375-6999
讀者服務E-mail：haom@ms28.hinet.net
郵政劃撥帳號 19983366　戶名／大是文化有限公司

法律顧問／永然聯合法律事務所
香港發行／豐達出版發行有限公司 Rich Publishing & Distribution Ltd
香港柴灣永泰道 70 號柴灣工業城第 2 期 1805 室
Unit 1805, Ph. 2, Chai Wan Ind City, 70 Wing Tai Rd, Chai Wan, Hong Kong
電話：（852）2172-6513　傳真：（852）2172-4355
E-mail：cary@subseasy.com.hk

封面設計／林雯瑛　內頁排版／思思
印　　刷／緯峰印刷股份有限公司

出版日期／2021 年 9 月初版
I S B N／978-986-0742-04-6（缺頁或裝訂錯誤的書，請寄回更換）
電子書ISBN／9789860742206（PDF）
9789860742251（EPUB）

Printed in Taiwan
定價／新臺幣 340 元